Kunst- und Kulturmanagement

Reihe herausgegeben von
A. Hausmann, Ludwigsburg, Deutschland

Ziel der Reihe „Kunst- und Kulturmanagement" ist es, Studierende, Wissenschaftler, Kunst- und Kulturmanager sowie sonstige Interessierte in komprimierter Weise in das Fachgebiet einzuführen und mit den wesentlichen Teilgebieten vertraut zu machen. Durch eine abwechslungsreiche didaktische Aufbereitung und die Konzentration auf die wesentlichen Methoden und Zusammenhänge, soll dem Leser ein fundierter Überblick gegeben sowie eine rasche Informationsaufnahme und -verarbeitung ermöglicht werden. Die Themen der einzelnen Bände sind dabei so gewählt, dass sie den gesamten Wissensbereich des modernen Kunst- und Kulturmanagement abbilden. Für die Studierenden muss eine solche Reihe abgestimmt sein auf die Anforderungen der neuen Bachelor- und Masterstudiengänge. Die (auch prüfungs-) relevanten Teilgebiete des Fachs „Kunst- und Kulturmanagement" sollen daher abgedeckt und in einer komprimierten, systematisch aufbereiteten und leicht nachvollziehbaren Form dargeboten werden. Für bereits im Berufsleben stehende Kunst- und Kulturmanager sowie sonstige Interessierte muss die Reihe den Anforderungen gerecht werden, die eine arbeits- und zeitintensive Berufstätigkeit mit sich bringt: Kurze und prägnante Darstellung der wichtigsten Themen bei Sicherstellung aktueller Bezüge und eines qualitativ hochwertigen Standards. Es ist unbedingter Anspruch der jeweiligen Autorenbücher, diesen Interessenslagen gerecht zu werden. Dabei soll neben einer sorgfältigen theoretischen Fundierung immer auch ein hoher Praxisbezug gewährleistet werden.

Weitere Bände in der Reihe http://www.springer.com/series/12633

Stefan Lüddemann

Kultur
Eine Einführung

2., aktualisierte und ergänzte Auflage

Stefan Lüddemann
Osnabrück, Deutschland

Kunst- und Kulturmanagement
ISBN 978-3-658-23136-1   ISBN 978-3-658-23137-8   (eBook)
https://doi.org/10.1007/978-3-658-23137-8

Die Deutsche Nationalbibliothek verzeichnet diese Publikation in der Deutschen Nationalbibliografie; detaillierte bibliografische Daten sind im Internet über http://dnb.d-nb.de abrufbar.

Springer VS
© Springer Fachmedien Wiesbaden GmbH, ein Teil von Springer Nature 2019
Das Werk einschließlich aller seiner Teile ist urheberrechtlich geschützt. Jede Verwertung, die nicht ausdrücklich vom Urheberrechtsgesetz zugelassen ist, bedarf der vorherigen Zustimmung des Verlags. Das gilt insbesondere für Vervielfältigungen, Bearbeitungen, Übersetzungen, Mikroverfilmungen und die Einspeicherung und Verarbeitung in elektronischen Systemen.
Die Wiedergabe von Gebrauchsnamen, Handelsnamen, Warenbezeichnungen usw. in diesem Werk berechtigt auch ohne besondere Kennzeichnung nicht zu der Annahme, dass solche Namen im Sinne der Warenzeichen- und Markenschutz-Gesetzgebung als frei zu betrachten wären und daher von jedermann benutzt werden dürften.
Der Verlag, die Autoren und die Herausgeber gehen davon aus, dass die Angaben und Informationen in diesem Werk zum Zeitpunkt der Veröffentlichung vollständig und korrekt sind. Weder der Verlag noch die Autoren oder die Herausgeber übernehmen, ausdrücklich oder implizit, Gewähr für den Inhalt des Werkes, etwaige Fehler oder Äußerungen. Der Verlag bleibt im Hinblick auf geografische Zuordnungen und Gebietsbezeichnungen in veröffentlichten Karten und Institutionsadressen neutral.

Springer VS ist ein Imprint der eingetragenen Gesellschaft Springer Fachmedien Wiesbaden GmbH und ist ein Teil von Springer Nature
Die Anschrift der Gesellschaft ist: Abraham-Lincoln-Str. 46, 65189 Wiesbaden, Germany

Kultur als Lesbarkeit
Ein Vorwort zur Neuauflage

Die Klage über die Unschärfe des Begriffes der Kultur (vgl. Luhmann 2008) gehört ebenso zur Beschäftigung mit seinem Gegenstand wie dessen überwältigende Allgegenwart. Nach dem sogenannten Cultural Turn der Sozialwissenschaften (vgl. Moebius 2012b) beschäftigen sich nicht nur ganze Wissenschaftsverbünde mit der Frage, wie Kultur Gesellschaften strukturiert und Individuen orientiert, Kultur ist auch von ihrer vermeintlichen Randposition aus in den Fokus aktueller politischer Debatten gewandert. Weit über Konjunkturen von Kultur als Energieschub der Freizeitindustrie in der Erlebnisgesellschaft, als Sinnreservat einer unter ihrem Namen agierenden Politik sozialer Integrationshoffnungen oder als Füllhorn der Optionen für den Markt der Selbstverwirklichungen hinaus hat Kultur unerwartete Dringlichkeit erlangt – und dies nicht in einem durchweg angenehmen Sinn. Denn bislang war Kultur und die mit ihr verbundene Vorstellung einer unabsehbaren Ausdehnung immer mit der Gewissheit jener integrierenden Kraft verbunden, die sich über die in ihr aufgehobenen Selbstentwürfe einer Gesellschaft (vgl. Lüddemann 2011a: 123) vermittelt. Nicht zuletzt das Internet, das in seiner englischen Bezeichnung Word Wide Web die weltweite Ausdehnung als Verheißungssignal bereits in ihrem Namen führt, schien dieser umspannenden Relevanz von Kultur einen Schub zu finaler Geltungskraft verliehen zu haben.

Inzwischen erweist sich Kultur aber auch als Phänomen von beunruhigender Doppelgesichtigkeit. Kultur ist Sache des fröhlichen Unterhaltungsbetriebes prosperierender Konsumgesellschaften ebenso wie neu aufgeflammter Kämpfe, die im Namen von fundamentalistischen Glaubenshaltungen ausgefochten werden. Der Kreuzfahrttourismus und der islamistische Terror haben herzlich wenig miteinander zu tun. Was sie aber verbindet, ist die Tatsache, dass beide Phänomene kulturell vermittelt werden, ob als „Traumschiff"-Serie im Fernsehen oder als Bekennervideo im Internet. Kultur funktioniert in diesem Fall als mediale Transmission, als Fabrikation der Bilder, die Adressaten so oder so beeindrucken soll, in dem einen Fall als Glücksversprechen unbeschwerter, mit Bildern der Selbstverwirklichung konnotierter Auszeit, in dem anderen Fall als martialische Drohung gegen die westliche Konsumwelt, die mit einem ganz anderen Glücksversprechen operiert – jenem einer Gegenwelt geschlossener, auf aggressiver Abgrenzung beruhenden Identität.

Diese Entwürfe sind einander diametral entgegengesetzt. Sie haben aber beide insofern an der Welt der Kultur Anteil, als sie mit den Mitteln der medialen Vermittlung operieren, sich als geschlossene Sinnwelten darstellen und Orientierungsangebote an eine weite, also unspezifisch gedachte Öffentlichkeit richten. Kultur bedeutet in diesem Fall, nicht von selbstverständlicher Geltung eines Sinnentwurfs auszugehen, sondern ihn einem Publikum zur Zustimmung anzubieten. Diese Vorgehensweise impliziert die Einsicht in die Tatsache, dass Kultur immer kontingent ist und ihre Inhalte von einem Publikum beobachtet und als Konsequenz daraus akzeptiert oder zurückgewiesen werden können. Dass das so ist, wissen beide – Tourismusmanager und Islamist.

Auch abseits derart drastischer Konfrontationen erscheint Kultur heute nicht mehr als jener von einer optimistischen Stimmungslage geprägte Markt der Möglichkeiten, der in den letzten Jahrzehnten so stark expandiert ist und dabei beträchtliche Binnendifferenzierung ausgebildet hat. Die als Betrieb aufgefasste Kultur hat sich dabei als vielfach anpassungs- und verwendungsfähig erwiesen und die Herausbildung neuer, auch professionalisierter Kompetenzen ausgelöst, zu denen an prominenter Stelle das Kulturmanagement gehört.

Das Spektrum der Konzepte von Kultur reicht dabei von Kultur als Option der Gefühlsintensivierung im Rahmen der Erlebnisgesellschaft bis hin zu Kultur als Inklusionsmaschine einer in politischen Gremien gern zitierten, „besseren Sozialpolitik" (vgl. Hoppe 2019). Kultur erweist sich als nützlich. Sie funktioniert als Sinnreservoir und Wertschöpfung ebenso wie als Reparaturbetrieb für eine desintegrierte Gesellschaft, die von zunehmend auftretenden Individualisierungsschüben und Spaltungstendenzen gebeutelt wird. Kultur erscheint in dieser Perspektive vor allem als Produkt, das sich politisch oder ökonomisch problemlos verwerten lässt. Dabei ist unter dem Eindruck solch sekundärer Begründungen von Kultur längst aus dem Blick geraten, was sie von ihrer Wortbedeutung her stets auszeichnen und prägen sollte – ein Grundzug geduldiger Pflege und Ausbildung des Menschen und seiner von ihm selbst gemachten Umgebungen (vgl. Busche 2019: 5). Das erfordert immer auch die Offenheit für jene affektive, auf sich selbst gerichtete Faszination, die Kultur und die Beschäftigung mit ihr auszeichnen sollte. Kultur erfüllt eine soziale Funktion, sie geht in dieser Funktion jedoch nicht auf.

Inwieweit Kultur in dem eben beschriebenen Sinn der Inklusion und Verständigung noch als Freiraum gesehen werden kann, erscheint als fraglich. Im Zeichen der in den letzten Jahren intensiv geführten Diskussion um Kreativität erscheint Kultur zunehmend als Ressource ökonomischer Verwertungsprozesse (vgl. Reckwitz

2013). Motor dieser Prozesse ist die Wandlung der Kreativität. Was früher einmal als Möglichkeitsraum und als Gabe vorgeblicher Ausnahmemenschen faszinierte, stellt sich nun als Imperativ optimierter Lebensführung dar. Kreativ zu sein, ist eine Verpflichtung in hochgradig kompetitiv verfassten Gesellschaften der Spätmoderne. Kreativität avanciert zum zentralen Signet einer Performance, mit der sich, soweit die Analyse des Kultursoziologen Andreas Reckwitz, Individuen ebenso wie Unternehmen, Produkte und Städte um Wahrnehmung konkurrieren. Unter den Vorzeichen einer systematischen Produktion von „Singularitäten" (Reckwitz 2017) erscheint Kultur als Raum eines permanenten Wettbewerbs von Anbietern auf dem Markt der Unverwechselbarkeiten. Kultur als Leitwährung eines neuen, digital angetriebenen Verwertungsgeschehens – auf diese Diagnose läuft die Beschreibung von Kultur unter dem neuen Regime der Kreativität hinaus. Es gehört zu diesem Modell, dass die Kreativitätskultur neue Ungleichheiten produziert. Sie trennt die erfolgreichen Performer von jenen, die diese Qualität nicht darstellen können.

Die Verlierer dieses Wettbewerbes haben auch Anteil an Kultur, allerdings in einem ganz anderen, beunruhigenden Sinn. Sie nutzen Kultur als Mittel einer neuen, bisweilen aggressiv inszenierten Abgrenzung. Identitäre Bewegungen speisen ihre Virulenz aus der Abwehr jener digital beschleunigten Mobilität, die zum Wettbewerb im Zeichen des neuen Kreativitätsregimes gehört, und aus der aggressiven Wendung gegen Migration und jenen Kontakt mit anderen Kulturen, die Wanderungsbewegungen von Menschen auslösen. Identitäre und Rechtspopulisten propagieren einen Kulturessentialismus (vgl. Reckwitz 2017: 413ff.), der Kultur wieder als geschlossene Einheit verstehen möchte und Außenkontakte zu anderen Kulturen nur in der Form indifferenter Duldung aus der Ferne vorzusehen bereit ist. Dieses Konzept versteht Kultur als Gebilde, das sich intern homogen darstellt und so auch gehalten wird – gegebenenfalls durch strikte Ausgrenzung.

Das Gegenmodell zu diesem neuen, hier nur in knappen Umrissen entworfenen Szenario ist sicher nicht in der Idylle einer unverbindlichen Multikulti-Kultur zu finden, die sich mühelos in Beglückungsvisionen einer inzwischen veraltet wirkenden Kulturpolitik einbauen ließ. Kultur ist zum Schauplatz vielfältiger Konflikte avanciert. Es scheint, als sei jener „Kampf der Kulturen" (Huntington 2002), den Huntington noch als Weltkarte der kulturell begründeten Konflikte von Nationen, Religionen und Weltgegenden skizzierte, nun doch Wirklichkeit geworden, auch im überraschenden Sinn von kulturell imprägnierten Auseinandersetzungen mitten in den westlichen Gesellschaften. Gerade zwischen einem neuen, digital getriebenen Kosmopolitismus mit seiner beschleunigten Zirkulation der Zeichen und den populistischen, identitär geprägten Bewegungen verläuft eine scharf markierte Demarkationslinie. Kultur als offenes Netz oder als abgegrenzte Entität: Diese Versionen von Kultur markieren das aktuelle Konfliktfeld.

Wie kann dagegen die Vorstellung von einer toleranten und offenen Kultur gestärkt werden? Indem Kultur als Modus einer für alle Mitglieder einer Gesellschaft offenen Sinngebung akzentuiert wird. Eine um das Thema der Bedeutung zentrierte Vorstellung von Kultur betont ihre interpretative und damit notwendig auch partizipative Dimension. Kultur besteht weder aus einem Vorrat abstrakter Normen, noch aus einem Kanon von Meisterwerken, sie erscheint als Netzwerk aus Bedeutungen, die Themen konturieren und die Verfahren ihrer Bearbeitung vorzeichnen. Eine so verstandene Kultur entsteht in Prozessen von Praktiken und Kommunikationen immer wieder neu.

Kultur verwirklicht sich vor allem als Vollzug. Gerade in diesem Modus wird Kultur erkennbar, lesbar und lernbar. Sie grenzt keine Identitäten ab, sondern bietet sich als offene Ressource an (vgl. Jullien 2016), die für aktivierende Verknüpfungen vielfältiger Querverbindungen und Einflüsse bereitsteht. Damit werden Mitglieder von Gesellschaften als Akteure dazu ermutigt, Sinngebungen in ihren jeweiligen Praktiken zu vollziehen und Kultur damit immer wieder performativ erscheinen zu lassen.

Die Bedeutungen, die eine Kultur ausmachen, sind nicht in fernen Speichern abgelegt, sie gewinnen Sichtbarkeit in praktischen Vollzügen. Diese Vollzüge aktualisieren die Bedeutungen und formen sie zugleich um. Kultur existiert immer nur im Modus ihrer beständigen Umformung. Der „Umgang mit Weltdeutungen" (Reckwitz 2012: 80) wäre dann nicht auf Spezialisten der Künste und Medien beschränkt, sondern eine Prozedur, die von allen Mitgliedern einer Gesellschaft aktiv betrieben würde. Die um die Vorstellung der Bedeutung zentrierte Vorstellung von Kultur impliziert Lesbarkeit als ihre zentrale Prozedur. Damit ist keine erneute Einschränkung auf Kultur als Text gemeint, wohl aber eine permanente Arbeit der Entzifferung, die Kultur als Erbe und Bestand aktualisiert (vgl. Orth 2019: 407) und erst so ihre ständige Neuprägung ermöglicht.

Eine so verstandene Kultur stiftet Identität – nicht als Abschottung, sondern als Prozess und Prozedur von integrativer Kraft. Die vorliegende Einführung soll Kultur genau in diesem Sinn entwerfen. Sie darf deshalb auch als Beitrag zu einer Praxis der Kultur verstanden werden, die Menschen zusammenführt, ohne Differenzen leichtfertig einzuebnen. Wer Lesbarkeit als zentrale Qualität von Kultur hervorhebt, versteht die Heterogenität ihrer Beiträge nicht als Gefahr, sondern als Chance. Von diesem Punkt aus erscheint jede Kultur als überraschend, bisweilen fremd – auch die so vertraut erscheinende eigene.

Inhalt

Kultur als Lesbarkeit – Ein Vorwort zur Neuauflage V

1 Einleitung 1
   1.1 Kultur: Konjunkturen eines Begriffs 1
   1.2 Was ist Kultur? Eine Definition 5
   1.3 Kultur: Dimensionen, Formate, Konstruktionen 9
   1.4 Fazit 1: Kultur als Bedeutungsproduktion 13

2 Dimensionen der Kultur 15
   2.1 Bedeutsamkeit: Warhols „Mythen" – Kultur als Verweissystem 16
   2.2 Medialität: „Tod eines Bienenzüchters" – Kultur als Vermittlung ... 20
   2.3 Reflexivität: „MoMA"-Schau – Kultur als Selbstkorrektur 24
   2.4 Heterogenität: „Lost in Translation" – Kultur als Vielfalt 28
   2.5 Fazit 2: Kultur – „Tragödie" oder Chance und Option? 32

3 Kleines Glossar der Unterscheidungen 35
   3.1 Kultur und Natur 35
   3.2 Kultur und Zivilisation 38
   3.3 Kultur und Bildung 41
   3.4 Kultur und Kunst 44
   3.5 Kultur und Kritik 47
   3.6 Kultur und Kulturen 50
   3.7 Fazit 3: Kultur als offener Prozess 54

4 Formate der Kultur 57
   4.1 Das Format als kompakte Konkretisierung 57
   4.2 Elemente kultureller Formate: Ort, Objekt, Praxis, Diskurs 60
   4.3 Die Leistungen kultureller Formate 64

4.4 Beispiel: Documenta – Erfolgsformat der Kultur 70
4.5 Fazit 4: Kultur als Erfahrung, Lernort, Zeitgliederung 76

5 Konstruktionen der Kultur 79
5.1 Dimension der Zeit: Erinnern und Entwerfen 81
5.2 Dimension des Raumes: Nähe und Ferne 87
5.3 Dimension der Qualität: Hoch-, Massen-, Popkultur 93
5.4 Fazit 5: Kultur als Perspektivierung 99

6 Kultur: Aktuelle Probleme und Ausblick 101
6.1 Chancen und Perspektiven 101
6.2 Probleme und offene Fragen 103

Literaturverzeichnis 113

Einleitung 1

1.1 Kultur: Konjunkturen eines Begriffs

Kultur hat, wie einleitend schon betont, Konjunktur. Dies betrifft Kultur als Betrieb, als Begriff und schließlich als leitende Vorstellung, die helfen soll, eine unübersichtliche Gegenwart zu ordnen. Zunächst kommt Kultur als Oberflächenphänomen eines expandierenden, zunehmend vernetzten und medial abstrahlenden Betriebes in den Blick. Dieser Betrieb ist als Szene zu einem eigenständigen sozialen Biotop, als Produktionsfaktor zu einer relevanten Branche im ökonomischen System und als mediale Projektionsfläche zu einer ebenso relevanten wie fluktuierenden Sinninstanz avanciert. Faszinationskraft entwickelt der Kulturbegriff, weil er allgegenwärtig und grenzenlos kombinierbar erscheint (vgl. Eagleton 2017: 13). Es gibt beinahe nichts, was nicht auch unter dem Aspekt der Kultur betrachtet werden könnte. Wir kennen politische Kultur ebenso wie die Kultur des Weinbaus, des Wohnens, Tisch- und Esskultur, eine Kultur des Zuhörens – on Hoch- und Massenkultur, von vielen anderen denkbaren „Kulturen" ganz zu schweigen. Zu dieser semantischen Elastizität verhilft dem Begriff die Eigenschaft, sowohl Produkte wie Prozesse umgreifen zu können, als auch durchgehend an Werten orientiert und damit interpretationsbedürftig zu sein (vgl. Fisch 1992: 680f. und den Überblick bei Busche 2019).

Die Doppeldeutigkeit von Kultur als einer Tätigkeit wie eines Resultats, als Hinwendung zu individuellen Entwicklungsprozessen wie als Abhängigkeit von einer kollektiven Gegebenheit ist in der Wortgeschichte des Begriffs von Anfang an angelegt. Das aus dem lateinischen „cultura" entlehnte und von „colere" abgeleitete Wort bezieht sich zunächst auf den Landbau, integriert aber auch sehr bald die „Aspekte der Pflege einerseits und der Verehrung andererseits" (Baecker 2001b: 513, vgl. auch Busche 2019). Der mit dem lateinischen Wortfeld gemeinten Hinwendung zu Grund und Boden und damit zu etwas, das außerhalb des Menschen liegt, entspricht jedoch beinahe unmittelbar darauf auch eine Rückwendung der mit diesem

Wort gemeinten Vorstellungskomplexe auf den Menschen selbst. Kultur meint die „Pflege des Menschen" (Bollenbeck 1996: 36), die Ausbildung seiner individuellen Fähigkeiten und Anlagen. Bereits mit dem Beginn der Wortgeschichte sind so zwei Ebenen von Kultur unterschieden und zugleich aufeinander bezogen: Auf der einen Seite steht Kultur als Kultivierung, nämlich die des einzelnen Menschen (vgl. Moebius 2009: 15); auf der anderen Seite steht Kultur als Bestand, der sich aus Werken und Werten, Konventionen und Fertigkeiten beziehungsreich zusammensetzt. Kultur als Unverfügbarkeit wie als Arbeit an sich selbst (vgl. Daniel 2004b: 443) – diese mit Gegensätzlichkeiten aufgeladene Komplexität ermöglicht es dem Menschen, Kultur ebenso als unerschöpliche Instanz der Selbstinterpretation wie des innovativen Selbstentwurfs zu befragen und produktiv zu verstehen.

Kultur tritt heute gleichwohl zunächst in einer sehr viel oberflächlicheren Weise in Erscheinung. Jenseits des Sinns einer auf Vervollkommnung zielenden Arbeit an sich selbst wie des Bestandes einer sich aus Spitzenleistungen konstituierenden Tradition machte das Wort „Kultur" in den letzten Jahren vor allem in zweifacher Hinsicht Karriere – als Freizeitpark einer „Erlebnisgesellschaft" (Schulze 2000) wie als Wirtschaftsfaktor einer in anderen Branchen wenig dynamischen Ökonomie (vgl. Deutscher Bundestag 2008). Der zuletzt genannte Vorstellungsbegriff erfuhr in den letzten Jahren noch seine Zuspitzung durch die Diskussion des Begriffes einer Kreativität (vgl. Reckwitz 2013), die in der neuen Digitalgesellschaft als Verhaltensimperativ für all jene Menschen verstanden wird, die sich erfolgreich in kompetitiven Feldern kreativer Wirtschaften positionieren möchten. In beiden Fällen kommt der Kulturbegriff ohne bildungsbürgerliche Konnotation aus.

Mit dem Anfang der neunziger Jahre geprägten, schnell zum Modewort avancierten Begriff der „Erlebnisgesellschaft" ist eine Diversifizierung in Erlebnismilieus und Lebensstile gemeint, die in Kultur nicht mehr die Gemeinsamkeit stiftende Instanz, sondern ein Set an Optionen der Inszenierung erblickt. In der Erlebnisgesellschaft entspricht die Geschwindigkeit, mit der immer neue Varianten eines auf Konsum ausgerichteten Lifestyles ausdifferenziert werden, dem Tempo, mit dem auf der anderen Seite kulturelle Wissens- und damit Traditionsbestände verloren gehen. Kultur fasziniert als Themenpark. Als Norm verliert sie zur gleichen Zeit massiv an Einfluss und Bindekraft. Das ändert nichts an ihrer Allgegenwart. Im Zeichen der Erlebnisgesellschaft entfaltet sich Kultur nur anders. An die Stelle der Werteinstanz tritt die Selbsterfindungsmaschine.

Den damit verbundenen Bedürfnissen kann Kultur nur entsprechen, wenn sie sich zur gleichen Zeit zu einem Dienstleistungsbetrieb entwickelt, der so leistungsfähig ist, dass er die gewünschten Erlebnisoptionen auch anbieten kann. Die als Inszenierungswesen überwölbende, weil unverzichtbare Kultur wird deshalb zur gleichen Zeit zu einem bloßen Sektor der Gesellschaft (vgl. Schnädelbach

1994: 511). Kultur als Instanz schrumpft so zu einer Kultur als Branche. In der Erlebnisgesellschaft erreicht die Reichhaltigkeit einer multiplen Kulturwelt ihren historisch vorläufigen Höhepunkt. Neben die öffentlich getragene Kulturarbeit tritt eine am Gewinn orientierte Kulturwirtschaft, zeitgleich mit dem Anwachsen medialer Möglichkeiten entsteht der Bereich der „Kreativen", der als neues soziales Milieu wie als ökonomisch relevante Größe gleichermaßen in den Blick genommen werden kann. Diese neue Qualität einer überaus komplexen Kulturszene bringt unterschiedliche, allerdings miteinander vernetzte Konsequenzen mit sich. Kultur wird als Wertschöpfung wie als Steuerungsaufgabe neu begriffen. Mit der „Kulturwirtschaft" als neuem Modewort der Kulturpolitik verbindet sich die Hoffnung, Kultur als relevanten Wirtschaftsfaktor in Anrechnung bringen und mit ihr einen neuen Wachstumsmarkt entdecken zu können. Auf unterschiedlichen politischen Ebenen erstellte Kulturwirtschaftsberichte stehen für diesen Trend eines ebenso programmatisch ernüchterten wie von großen ökonomischen Hoffnungen angetriebenen Umgangs mit der Kultur.

Wachsende Komplexität fordert allerdings auch zu neuen Anstrengungen der Steuerung und Strukturierung heraus. Es ist deshalb viel mehr als bloßer Zufall, dass nahezu zeitgleich mit der Konstituierung von Erlebnisgesellschaft und Kulturwirtschaft mit dem Kulturmanagement eine Wissenschaft entstand, die es sich zur Aufgabe machte, Kultur und ihre Prozesse der Planung und Kontrolle zugänglich zu machen. Kultur kam so als Optimierungsaufgabe in den Blick, wurde in neuer Weise selbst zum Gegenstand einer aufmerksamen Pflege und zugleich in der Sicht instrumentellen Managens zu einem Objekt neben vielen anderen. Das spannungsreiche Miteinander von quantitativen wie qualitativen Bezugsgrößen des Kulturmanagements (vgl. Lüddemann 2008a: 47ff.) führt zu gegenläufigen Einschätzungen der Kultur selbst, ihres Stellenwerts und ihrer Leistungen. Der Kultur stets eingeschriebene Wertekonflikt (vgl. Fisch 1992: 680) setzt sich im Kulturmanagement nicht einfach nur fort. Er wird in diesem neuen Kontext auch fruchtbar als neu belebte Debatte um Kultur selbst (vgl. Lüddemann 2009d). Zugleich muss das Kulturmanagement als unausweichliche Reaktion auf die zunehmende interne wie externe Vernetzung der Kultur und ihrer Szene verstanden werden. Mit der Zahl der Träger und Mitwirkenden, der Inhalte und Erscheinungsformen sowie der Koalitionen denkbarer Akteure ist ein Bedarf an Koordinierung entstanden, der nach professioneller Bearbeitung verlangt.

Erlebnis, Ökonomie, Management: Mit diesen Stichwörtern ist in knappen Strichen ein aktueller Bezugsrahmen umrissen, der Erscheinungsform und Entfaltungsmöglichkeiten von Kultur in der Gegenwart kennzeichnet. Gleichsam im Hintergrund dieser teilweise als Moden oder Konjunkturen zu betrachtenden Entwicklungen laufen langfristigere Prozesse, die deutlich machen, warum Kultur heute von derart überragender Relevanz ist. Diese Prozesse sind: *erstens* das Ende der Ideologien, *zweitens* die Globalisierung mit ihren multiplen Kulturkontakten und *drittens* das zunehmende Bewusstsein von der Konstruktivität moderner Lebens- und Gesellschaftsentwürfe. Diese Tendenzen sind nicht in einem zeitlichen Nacheinander angeordnet, sondern greifen ineinander. Mit dem in den achtziger Jahren beginnenden Auslaufen der großen Ideologien fanden die scharfen Entgegensetzungen machtpolitischer wie weltanschaulicher Blöcke ihr Ende. Mit dem Verlust entsprechend einfacher Zuordnung zu politischen Lagern ging ein deutlicher Orientierungsverlust einher. Kultur als neue Bezugsgröße kompensierte nicht allein diesen Mangel, sondern wurde auch sichtbar als genau die Diversität, die zuvor in politischen Großgebilden wie etwa der Sowjetunion zugunsten einheitlicher politischer Systembildungen verdeckt und zwangsweise homogenisiert worden war. In dem Maße, wie Ideologien ihre einigende Kraft verloren und die auf ihnen basierenden politischen Systeme in sich zusammenbrachen, traten Kulturen neu in den Blick – auch im Sinn einer neuen Unübersichtlichkeit und Instabilität.

Dieser Effekt verstärkte sich wesentlich im Zug der Globalisierung, die mit ihren beschleunigten weltweiten Zirkulationen von Gütern, Geld und Gedanken sowie einer sich ständig verstärkenden Migration auch vielfältige neue Kontakte einander ansonsten fremder Kulturen mit sich brachte. Die erhöhte Frequenz der Kulturkontakte stellte Kultur ganz neu in den Vordergrund – als Entdeckungspotenzial, Kommunikationsanlass, Regelungsbedarf und Irritationswahrscheinlichkeit. Kultur entfaltet in der Globalisierung ihre volle Doppelgesichtigkeit. Denn sie fasziniert als Vielfalt und Anregung, verunsichert aber auch, weil sie gewohnte Orientierungen außer Kraft setzt und eingefahrene Hierarchien entwertet. Im Zeichen der Kultur ist die Welt interessanter, aber auch anstrengender geworden, weil der Bedarf an Übersetzung und Vermittlung dramatisch angestiegen ist. Damit stellen sich deutlich erhöhte Anforderungen an alle, die sich in dieser Welt bewegen.

Diese Problemlage ergibt sich jedoch nicht nur bei Außenkontakten; sie ist auch in der nach Innen gerichteten Orientierung zu beobachten. Denn parallel zur steigenden Frequenz kultureller Fremdkontakte ist das Bewusstsein dafür gewachsen, dass auch die eigene Kultur keine für alle Zeiten stabilisierte und restlos vertraute Harmonie ist. Kultur, Identität, Verstehen: all dies bedarf permanenter Revision. Die eigene, also vermeintlich sichere Welt ist selbst immer mehr als eine Konstruktion kenntlich geworden, deren Koordinaten auch anders gezogen werden könnten. Im Zeichen der Kultur wird die Welt in ihrem Gemacht-Sein erkennbar – als Konstrukt aus Konventionen, Wissensbeständen, Kommunikationsroutinen und Weltbeschreibungen von variabler Ausprägung (vgl. Luhmann 1998: 881). Kultur lässt sich in einer ersten Annäherung als das gesamte Ensemble dieser Faktoren der gemeinsam geteilten Wissenswelt einer Gesellschaft verstehen (vgl.

Berger, Luckmann 2004). Zugleich kann die so verstandene Kultur zum Problem werden. Als leistungsfähiges, weil komplexes Konstrukt stellt sie hohe Anforderungen an die Kompetenz derjenigen, die an ihr teilhaben. Das bedeutet Gewinn und Stress zugleich.

Globalisierung und Konstruktivität, Kontakt und Übersetzung, optionale Identität und erschwerte Orientierung: In diesen Stichwörtern liegt der eigentliche Grund für ein neues Interesse an Kultur, das zugleich als Diskursverstärker wirkt. So ist es nicht verwunderlich, dass die Zahl der Wortmeldungen und Definitionen zur Kultur dramatisch ansteigt. Kultur ist nicht länger selbstverständlich, sondern verlangt nach intensiverer Gestaltung. Deshalb müssen neue Vorschläge zum Verständnis von Kultur auch nicht als tendenziell redundant erst gerechtfertigt werden (vgl. Fuchs 2008: 11). Sie verstehen sich von selbst – nicht als Beschreibung aus einer Außenposition als archimedischem Standpunkt, die man gegenüber Kultur ohnehin niemals einnehmen kann, sondern als Fortschreibung, die ihrerseits interpretative Teilhabe an Kultur ist (vgl. Nassehi 2008: 27). Genau in diesem Sinn ist das vorliegende Buch zu verstehen. Es analysiert Kultur in der Weise, dass es für eine ihrer möglichen, aktuell aber besonders ertragreichen Optionen Partei ergreift. Es ist die Option einer Kultur als sinnstiftender Bedeutungsproduktion. (vgl. Lüddemann 2011a).

1.2 Was ist Kultur? Eine Definition

Kultur ist ein Gefüge aus Bedeutungskomplexen, das Sinnangebote bereitstellt. Diese Sinnangebote sind Konstrukte, die ihre eigene Revidierbarkeit mit umgreifen und deshalb fähig sind, neben Gewohntem auch Überraschungen zu verarbeiten (vgl. Baecker 2001b: 553, auch Reckwitz 2012: 85). Das Gefüge der Kultur besitzt mit einem Themenvorrat sein Archiv, mit Präsentationsweisen seine mediale Oberfläche und mit fortlaufender Umbauaktivität seine prozessualen Fertigkeiten. Kultur bringt Bedeutung somit auf den miteinander verschalteten Ebenen von Inhalten, Darstellungsweisen und ebenso praktischen wie reflexiven Performanzen hervor und koppelt so symbolische Produktion mit sozialer Praxis (vgl. Mauss 1990). Die eben benannte Trias meint keine starr geschichtete Struktur, sondern ein flexibles Netz mit ständig wechselnden Energieströmen und Präferenzverlagerungen. Kultur ist unverzichtbares Mittel der Lebensbewältigung (vgl. Schweppenhäuser 2009); als abstraktes Bedeutungskonstrukt sowie als „verhaltensrelevanter Deutungsvorrat" (Nassehi 2008: 147, vgl. Habermas 2009b: 183) ist sie nur über interpretative Akte zugänglich.

Kultur stellt sich demnach nicht als starre Einheit mit hierarchischer Ordnung, sondern als „lose gekoppeltes, dynamisches (…) Mehrebenensystem" (Bühl 1986: 121) dar, das als „selbst gesponnenes Bedeutungsgewebe" (Geertz 1987: 9) reflexiv auf sich selbst gerichtet ist und deshalb nicht nur als Organ gesehen werden darf, in dem eine Gesellschaft ihre Wissensbestände repräsentiert, sondern auch als „semantischer Rechner" (Baecker 2001b: 512) begriffen werden muss, der Entwürfe, Beobachtungen und Beschreibungen im gleichen Maße hervor bringt, wie auch fortlaufend selbstkritisch der Revision unterzieht.

Kultur muss entsprechend als Symbolsystem organisiert sein, das imaginäre Vorstellungswelten hervorbringt und über medial vermittelte Formate und mit ihnen verknüpfte Praktiken so stabilisiert, dass Themen verlässlich repräsentiert und bearbeitet werden können. Kultur verbindet den Rückgriff auf Bestände kollektiver Erinnerung mit dem Vorgriff auf Areale innovativer Entwicklung (vgl. Lüddemann 2008a: 54) – und zwar dergestalt, dass sie in der Lage ist, Stabilität und Flexibilität von Bedeutungskomplexen in gleicher Weise zu gewährleisten. Die konkreten Ausformungen der Kultur sind deshalb nicht als imitierende Nachahmung, sondern nur als „aktive Ausdrucksformen" (Cassirer 1961: 51) richtig verstanden.

Einer Orientierung auf einer zeitlichen Achse entspricht dabei eine Orientierung in räumlicher Dimension: Kultur verfügt als polyzentrales Netz über eine niemals genau zu bestimmende Ausdehnung. Nicht nur ihre Grenze ist eher Kontaktzone als Wall der Abschottung; auch in ihrem Inneren organisiert Kultur nicht nur Identität, sondern auch deren permanente kritische Befragung. Kultur ist – zumindest auf einem bestimmten Entwicklungs- und damit Komplexitätsniveau – unausweichlich reflexiv und damit als kontingentes Phänomen auf einer Metaebene (vgl. Luhmann 2008: 553, 542) in der Lage, neben der Identität auch Fremdheit selbst zu prozessieren: und dies in der Form einer Außenperspektive, die eigene Wertsetzungen mit ihrem vorstellbaren Gegenteil konfrontiert. Damit verändert sich die Perspektive des von der Kultur erzeugten Sinngefüges. Dieses Gefüge ist zwar als kohärente Struktur wesentlich auf Stimmigkeit angelegt, verfügt jedoch auch über die Fähigkeit, Brüche und Widersprüche des Sinns auszuhalten und als Aufforderung zu permanentem Selbstumbau positiv zu bearbeiten. Dies schließt die Fähigkeit mit ein, „Konfigurationen von Differenz und Identität" (Bhabha 2000: 1) dauerhaft in den eigenen Selbstentwurf zu integrieren, statt sie im Sinn einer falsch verstandenen Homogenität vorschnell zu glätten oder auszugrenzen.

Nach dieser kompakten Definition sind einige Punkte genauer in den Blick zu nehmen:

- *Bedeutung und Sinn:* Kultur ist für uns bedeutsam, weil sie bedeutend ist – also auf etwas hindeutet, das ohne Kultur nicht oder zumindest nicht in dieser Weise in den Blick käme. Über Kultur lässt sich niemals als bloßes, also allein für sich stehendes Faktum sprechen. Kultur entfaltet seine Relevanz und Kraft nur als ein Vorstellungsgebilde, als Struktur aus Metaphern. Das eigentliche Geschäft der Kultur, ihre zentrale Leistung ist der Aufbau von Verweisungen, die etwas sicht- und handhabbar machen, was sich niemals direkt anschauen lässt: Werte, Themen, Prozeduren (vgl. Kohl 2000: 132). Dass Kultur als „Netz von geteilten Bedeutungen und Aktivitäten" (Eagleton 2001: 165) diese Dinge in der Form von Bedeutungen enthält und gleichzeitig erst hervorbringt, heißt nichts anderes, als dass sie keinen schlichten Klartext speichert, sondern Bedeutungskomplexe, die Themen als Inhalte aufbewahren, diese aber gleichzeitig mit interpretativen Bewertungen kombinieren – und mit Praktiken, die einen bestimmten Umgang mit ihnen nahelegen. Dies schließt Formen ihrer lernenden Aneignung mit ein. Ein solches kompaktes Format erzeugt Sinn insofern, als es Menschen ermöglicht, zentrale Lebensfragen zu bearbeiten und darüber auch mit anderen in Kontakt zu treten. Kultur besitzt als steuernde Instanz eine nicht zu ersetzende Orientierungsfunktion, weil sie mit Rezeption und Erfahrung die Teilhabe von Individuen an Kultur anleitet (vgl. Lüddemann 2008a: 54).

- *Symbole und Medialität*: Kultur bearbeitet Themen, geht aber nicht in Inhalten auf. Sie zeigt Themen nicht einfach abstrakt vor, sondern hebt sie in medialen Prägungen auf, die dafür sorgen, dass diese Themen auch sinnlich erfahren und in vielfältig repräsentierender Weise erlebt werden können. Zu diesen Weisen der Repräsentation gehören zum Beispiel die der Erzählung oder die der bildlichen Darstellung. Ganz gleich, ob es um den menschlichen Lebenszyklus, Vorstellungen der Arbeit, der Beziehung zu anderen oder um Liebe, Tod oder andere fundamentale Erfahrungen des Lebens geht – stets erscheint das jeweilige Thema in einer bestimmten Verwirklichungsform. Diese Formen sind nichts anderes als mediale Verfasstheiten, die wir uns jedoch nicht einfach als Transportbehältnisse von Themen auf ihrer Reise von Mensch zu Mensch vorstellen dürfen. Mediale Verwirklichungen lassen Themen erscheinen – und färben sie zugleich in einer unhintergehbaren Weise. Das was hier Färbung genannt wird, darf nicht als Verfälschung missverstanden werden. Medialität ermöglicht nicht nur Übermittlung, sondern prägt die Inhalte von Kultur selbst und zwar dadurch, dass sie die Sinne der Rezipienten affiziert und die Aufnahme der repräsentierten Themen wesentlich steuert.
- *Themen und Standards:* Kultur bewahrt also Themen auf – und zwar in der Form, dass mit ihnen Erfahrungsbestände und Handlungsformen, kurz alle denkbaren Formen menschlicher Lebenspraxis konserviert werden. Genau dies ist übrigens der tiefere Sinn der Medialität von Kultur, also ihrer Verfasstheit in sinnlichen Anschauungs- und Erfahrungsformen, dass Themen so aufbewahrt

werden, dass ihre jeweiligen Aneignungsweisen die kulturelle Erinnerung prägen. Kultur hält auf diese Weise Themen bereit: als geformte Erfahrungswerte, die unmittelbar Bestandteil von Praxis werden können und zugleich geeignet sind, sinnlich erfahren, diskursiv bearbeitet und damit weiter kommuniziert zu werden. Kultur stellt Themen für Kommunikation bereit: Diese Lesart der Kultur als umfassende Gesamtheit „realisierter Programmanwendungen" (Schmidt 2003a: 359) koppelt ein Set von Themen unablässig mit dem prozessualen Moment von Kommunikation und verbindet so zwei grundsätzlich unterschiedliche Aggregatzustände sozialer Praxis. Da Kultur selbst kein einfacher Container von Inhalten ist, müssen Themen immer in ihrer Verbindung mit Bewertungen gedacht werden. Kultur setzt insofern Standards. Das bedeutet nichts anderes, als dass sie bestimmte Themen fokussiert, Wege der Überlieferung vorzeichnet und ein begrenztes Set kommunikativer Anschlüsse favorisiert.

- *Wiederholung und Innovation:* Wie eben beschrieben gehört zur Kultur neben den aufbewahrten Themen auch ein Arsenal von Rezeptionsweisen und damit Umgangsformen. Auf solche Weise sind Themen und Praktiken in der Kultur immer miteinander gekoppelt. Anders gesagt: Ein Thema, dem keine Praxis mehr zugeordnet werden kann, ist für die Kultur eigentlich keines mehr. Themen, die wieder oder überhaupt erst zum Gegenstand von Kultur werden sollen, werden immer mit medialen Darbietungsweisen und rezeptiven Praktiken verbunden und so gleichsam gangbar, weil in den kommunikativen Prozess integriert. Dass der Kultur stets ein unverzichtbares Moment menschlicher und damit sozialer Praxis eingeschrieben ist, bedeutet nichts anderes als: Kultur lebt nur insofern, als Menschen sie fortsetzen (vgl. Hillebrandt 2019). Nur mit dieser Aktivität entsteht eine von „Sinn durchdrungene Welt" (Geertz 1997: 54). Was keine Fortsetzung erfährt, muss damit nicht einfach absterben. Meist wird es in ein stabiles Gedächtnis wie in einen Fundus eingelagert, aus dem es dann durch Anschlüsse praktischer oder kommunikativer Art wieder herausgeholt werden kann. Solche Dynamik macht klar, dass Kultur niemals die Wahl hat, nur wiederholend oder nur innovativ zu sein. Kultur ist unvermeidlich immer beides. Sie benötigt soziale, also kommunikative Praxis, um weiter bestehen zu können, wird in solch wiederholender Aufnahme (vgl. Orth 2019) aber auch sofort wieder umgeformt und so unweigerlich verändert. Wiederholung und Innovation hängen zusammen – als Garant für die Vitalität einer Kultur, einer Vitalität, die nichts anderes meint, als die Fähigkeit, einmal aufgerufene Bedeutungen in immer neue Anwendungskontexte zu überführen und sie damit sowohl zu verändern als sie auch für künftige Anwendungen zu erhalten. Das bezeichnet die Wahrscheinlichkeit, neue kommunikative Anschlüsse anregen zu können.

- *Identität und Fremdheit:* In dem Bezug von tradierender Wiederholung und erneuernder Veränderung ist eine durchgehende Dualität von Kultur erkannt. Sie ist wesentlich für ihre Elastizität – und für ihre Fähigkeit, unterschiedliche, ja gegensätzliche Lesarten, Interpretationen von Themen, überhaupt Praktiken sowie die dazu gehörenden Kontexte in einem Horizont zu integrieren. Damit ist bereits angedeutet, dass die Entgegensetzung von Identität und Fremdheit nicht als die Unvereinbarkeit eines Innen und eines Außen gedacht werden muss, sondern unweigerlich immer schon im Horizont einer jeden Kultur selbst situiert ist (vgl. Jullien 2017). Damit ist eine andere Perspektive eingenommen als die eines angstvollen Blicks auf gegenwärtige Kulturkonflikte. Im viel beschworenen Zusammenstoss der Kulturen (vgl. Huntington 2002) scheint sich die der Kultur überhaupt innewohnende Schwungkraft in unguter Weise zu potenzieren. Damit wird gleichsam nebenbei deutlich, wie sehr Kultur nicht allein einen befriedenden Aspekt enthält, sondern immer auch eine Energie freisetzt, die mit der Erneuerung ein Moment des Zerstörerischen aktiviert. Komplexe Kulturen sind jedenfalls in der Lage, diesen Kontrast in seiner produktiven Form darzustellen. Sie sind immer beides – Garanten einer über Wiederholungen von thematischen Beständen und sozialen Praktiken sicher gestellten Tradition und zugleich Motoren eines nie abzuschließenden Umbaus der gleichen Bestände und Praktiken. Komplexe Kultur verwirklicht diese doppelte Operation durch ihre Reflexivität, also einer auf sich selbst gerichteten Interpretationsarbeit, die das Eigene fortwährend als das potentiell Fremde in den Blick nimmt.

1.3 Kultur: Dimensionen, Formate, Konstruktionen

Kultur ist im vorherigen Abschnitt als „dynamischer Zusammenhang von Verweisungen" (Konersmann 2003: 19) und somit in der Lesart einer Produktion von Bedeutung definiert worden. Diese Definition lässt andere mögliche Beschreibungen von Kultur außer Acht oder transportiert diese nur als neben geordnete Aspekte mit sich. Bevor in diesem Abschnitt die weitere Entfaltung des Problemaufrisses in diesem Buch vorgestellt wird, sollen deshalb einige der defavorisierten Lesarten in der Form anderer, gleichfalls gebräuchlicher Kulturbegriffe (vgl. Ort 2003, Hoppe 2019) hier kurz zur Sprache kommen. Diese Lesarten sind: Kultur als Hochkultur, Kultur als Nationalkultur, Kultur als Konvention, Kultur als Institution (vgl. Lüddemann 2015: 56–65).

- *Hochkultur*: Als Werkkultur mit überzeitlichem Anspruch ist die Hochkultur heute als „Dekor des Außeralltäglichen" (Bühl 1987: 67) gründlich diskreditiert, wenn nicht gar aus dem Blick einer breiteren Öffentlichkeit verschwunden. Inwiefern die Hochkultur überhaupt als unverständlicher Traditionsbestand von weiter gehenden Wirkungsmöglichkeiten abgekoppelt ist (vgl. Steenblock 2004: 100), soll hier nicht weiter bewertet werden. Sie steht jedoch ohne Zweifel für ein Verständnis, das Kultur mit einem Kanon von Spitzenleistungen der schönen Künste gleichsetzt. Damit wird Kultur zu einer überzeitlich situierten Harmonie transponiert, die weder vom alltäglichen Leben noch von irgendwelchen Veränderungsprozessen erreicht wird. Eine derart situierte Hochkultur verfiel nicht allein als „Stillstellung des Glücks und des Geistes" (Marcuse 1996: 80) schon vor längerer Zeit den Verdikten der Ideologiekritik, sondern findet sich heute zudem in ruinösem Dauerkonflikt mit einer globalen Populärkultur, die überkommene Hierarchien des Kulturkanons ohnehin längst eingerissen hat. Hochkultur ist deshalb eine problematische Vorstellung von Kultur, weil sie diese gegen dynamische Prozesse abschottet und zu ritualisierter Wiederholung neigt. Ihre Inhaltsbestände müssen dennoch nicht unbeachtet bleiben; sie können in dynamischen Kulturprozessen überaus wirkungsvoll werden.
- *Nationalkultur*: Diese Vorstellung der Kultur ist mit derjenigen der Hochkultur zwar nicht identisch, aber zumindest eng verbunden. Zum Bestand der Kulturbegriffe gehört die Vorstellung, die eine Kultur mit einer geographischen Einheit identifiziert (vgl. Assmann 2006: 9ff.) und ihr so jene engen Grenzen zieht, die mit derjenigen des Landes als politischer Einheit mehr oder weniger identisch ist. Als Nationalkultur kann eine Kultur nur als homogenes Gebilde verstanden werden, dem eine normative Stellung zukommt. Diese Kultur erscheint in der Gegenwart als sedimentierte Erinnerung und als Ensemble von Werken, Personen, Orten und Praktiken, deren Existenz sich auch der jeweiligen Nation verdankt. Eine nationale Kultur entfaltet als kaum bestrittene Norm eine starke Orientierungsfunktion. Zu dieser Orientierung gehört auch die Abgrenzung gegenüber all den kulturellen Beständen, die nicht als national geprägt verstanden werden können. Jede Nationalkultur impliziert eine Grenzziehung und als negative Kontrastfolie das, was ihr nicht zugerechnet werden kann und folgerichtig als fremd auf Abstand gehalten werden muss – wenn es nicht ganz unverstanden bleibt (vgl. Kohl 2000: 30). Wie die Hochkultur ist auch die Nationalkultur Inbegriff einer arretierten Harmonie, die Veränderungen kaum zulässt. Besonders problematisch erscheint aus heutiger Sicht eine Gleichsetzung von Kultur und Nation. Kulturelle Prozesse halten sich nicht nur keineswegs an geographische oder politische Grenzziehungen, sie sind auch in sich selbst

1.3 Kultur: Dimensionen, Formate, Konstruktionen

immer grenzüberschreitend, weil als Übersetzung zwischen unterschiedlichen symbolischen Ordnungen angelegt (vgl. Bachmann-Medick 2006: 247ff.)

- *Konvention*: In die Reihe der durch Unflexibilität gekennzeichneten Vorstellungen von Kultur fügt sich auch diejenige, die Kultur mit Konvention und Standards gleichsetzt. Danach baut sich Kultur aus einem Set von Regeln auf, die nicht nur soziales Verhalten, sondern auch Wahrnehmungsmuster und Kommunikationsformen normieren (vgl. Hansen 2003). Kultur kennt als Konvention vor allem die Befolgung von Regeln; sie defavorisiert hingegen jede Form der Abweichung. Das macht sie tendenziell unbeweglich und führt zur automatischen Abwehr von allem, was Standards in Frage stellen könnte. Natürlich gehört die Bildung von Standards zu den Leistungen von Kultur. Standards schaffen Erwartbarkeiten, die helfen, das Zusammenleben von Menschen über konventionalisierte Handlungen und Kommunikationen sowie über eingeschliffene Sinnerwartungen vorhersehbar zu machen und dadurch von ständigem Entscheidungsdruck zu entlasten. Wer Kultur hingegen auf Standards beschränkt, eliminiert die Ebene der reflexiven Rückkopplung, auf der Normen befragt und durch Abweichungen alternative Sinnsetzungen konstituiert werden können.
- *Institution*: Eine Spielart des normativen Verständnisses von Kultur ist das Denken in Institutionen. Der Ethnologe Bronislaw Malinowski verstand unter Institution eine komprimierte Struktur aus Handlungserwartungen und gemeinsam geteilten Werthaltungen (vgl. Malinowski 2005: 75ff.). Sie verhelfen Menschen dazu, in Gemeinschaft ihre Bedürfnisse zu befriedigen und damit einem fundamentalem Mangel ihrer natürlichen Ausstattung abzuhelfen: dem Fehlen lebenswichtiger Instinkte. Institutionen sind insofern als kompensatorische Schöpfungen zu verstehen. Als Gefüge aus solchen Institutionen erscheint Kultur als eine sekundäre Umwelt (vgl. ebd.: 75), die als Schutzhülle die Einwirkungen der primären Umwelt auf den Menschen abfedert. Voraussetzung einer solchen Sicht auf Kultur ist ein bestimmtes Bild vom Menschen – nämlich als Mängelwesen, dessen Defizite über Hilfskonstruktionen ausgeglichen werden müssen. Kultur als Institution ist eine solche Konstruktion. Sie steht unter dem Primat der Bedürfniserfüllung. Formen der Symbolisierung, der Medialität und Kommunikation kommen in dieser Perspektive nicht wirklich in den Blick.

Die eben aufgeführten Formen eines auch möglichen Verständnisses von Kultur bilden nur einen Ausschnitt aus dem unüberschaubar großen Ensemble möglicher Definitionen oder auch Deskriptionen von Kultur. Im vorliegenden Kontext geht es nicht um Vollständigkeit, sondern um Kontrastbildung. Auf der Hintergrundfolie von paradigmatischen Ausprägungen einer Sicht auf Kultur als immobilem Gebilde soll sich der hier favorisierte Entwurf einer dynamischen Symbolkultur deutlich abheben. Im den folgenden Kapiteln wird die Struktur einer derart verstandenen Kultur schrittweise entwickelt. Zum Durchgang dieses Buches gehören diese wesentlichen Stationen:

- *Dimensionen*: Eine symbolisierende, Bedeutung produzierende Kultur baut aus einem kleinen Ensemble grundsätzliche Bedingungen und Operationsformen auf. Diese Formen heißen hier Dimensionen. Sie ermöglichen überhaupt erst, dass eine Kultur flexibel und reflexiv arbeiten kann – auch dadurch, dass die Dimensionen in gegenseitiger Bedingung miteinander verbunden sind. Diese Dimensionen sind Bedeutsamkeit, Medialität, Reflexivität und Heterogenität.
- *Unterscheidungen*: Mit einer Reihe von Unterscheidungen wird der in seinen Grundzügen entworfene Kulturbegriff weiter konturiert. In der Form eines kleinen Glossars wird der Begriff „Kultur" jeweils mit einem anderen Terminus in Beziehung gesetzt, der zum Kulturbegriff im Verhältnis der Abgrenzung oder Konkurrenz steht. Dazu gehören Begriffe wie Zivilisation, Bildung, Kunst und andere mehr. Unterscheidungen sind dabei nicht als strikte Grenzziehungen, sondern als terminologische Klärungen zu verstehen. Überschneidungen sollen dabei nicht geleugnet, sondern gerade kenntlich gemacht werden.
- *Formate*: Unter Format wird in diesem Kontext eine Verwirklichungsform von Kultur verstanden. Während die Dimensionen grundsätzliche Operationsweisen der Bedeutung produzierenden Kultur bezeichnen, sind Formate die Konkretisierungen, mit denen eine Kultur ihre Inhalte vermittelt. Formate sind Vorbedingung dafür, dass abstrakte Vorstellungs- und Bedeutungskomplexe auch erfahren und rezipiert werden können. Formate leisten dies, indem sie ebenso kompakte wie flexible Strukturen aus Inhalten, medialen Darbietungsformen und Umgangsweisen ausbilden, die kulturelle Teilhabe ermöglichen. Formate sind gleichsam die Andockstellen einer Kultur als Symbolstruktur.
- *Konstruktionen*: Auf die Formate als Konkretisierungen folgen die Konstruktionen einer Kultur, die dem hier bevorzugten Verständnis folgt. In diesem Kapitel geht es um die Leistungen, die eine solche Kultur in der Gesellschaft bereitstellt. Indem eine solche, vor allem medial verfasste und in Symbolisierungen operierende Kultur flexible Bedeutungsstrukturen ausbildet, ist sie in der Lage, genau die Orientierungsleistungen zu erbringen, die eine komplexe, funktional ausdifferenzierte Gesellschaft benötigt. Eine solche Kultur bildet ein Gedächtnis und entwirft denkbare Zukunftsszenarien, sie formt Identitäten und hilft dabei, unvermeidliche Heterogenität nicht nur auszuhalten, sondern auch produktiv zu wenden. Ein Überblick aus den sich daraus ergebenden aktuellen Fragestellungen und Problemlagen von Kultur rundet den Durchgang ab.

1.4 Fazit 1: Kultur als Bedeutungsproduktion

Das Verständnis von Kultur als Produktion von Bedeutungen ist nicht das einzig mögliche. Dafür ist der Kulturbegriff viel zu komplex. Das hier entfaltete Verständnis von Kultur entspricht jedoch dem gegenwärtig erreichten Stand der gesellschaftlichen und medialen Entwicklung. Dieser Stand ist klar zu benennen – es ist derjenige einer funktional ausdifferenzierten, medial vernetzten, auf Wissen basierenden Gesellschaft. Kommunikation ist der symbolische Treibstoff eines solchen Gefüges, das vor allem darauf ausgerichtet ist, in multiplen Selbstentwürfen zu leben, die in hoher Geschwindigkeit überprüft und umgestaltet werden. Flexibilität und Rückbezüglichkeit sind unverzichtbare Kennzeichen der Symbolebene, mit der eine so beschriebene Gesellschaft ausgestattet ist. Kultur kann folglich nicht mehr nur lediglich aus unverrückbaren Traditionsbeständen oder starren Institutionen bestehen. Das würde den Anforderungen einer globalen Welt nicht gerecht werden. Kultur wird vielmehr als Ressource immer neuer Sinnkombinationen verstanden (vgl. Jullien 2017).

Diese Beschreibung darf natürlich nicht so verstanden werden, als würde eine Gesellschaft einen bestimmten Entwicklungsstand erreichen und sich dann die dazu passende Kultur aus einer Menge denkbarer Optionen auswählen. Der jetzt zu beobachtende Entwicklungsstand ist ja gerade Resultat einer historischen Genese eines bestimmten Typs von Kultur, den es zuvor so nicht gegeben hat. Der Beginn des Entwicklungsprozesses ist auf die Zeit der Aufklärung zu datieren. Jene Zeit setzte nicht allein die Vernunft als oberste Prüfungsinstanz ein und unterwarf folglich alle Themen der Kritik. Im gleichen Zug wurde auch eine ganze Kultur auf den leitenden Aspekt der Selbstbeobachtung umgestellt (vgl. Luhmann 2008). Sie gewann mit der neuen Qualität radikaler Selbstbezüglichkeit eine höhere Umlaufgeschwindigkeit und damit Leistungsfähigkeit, wurde zugleich aber auch sich selbst zum Problem. Eine Kultur, die als Bestand fraglos geltender Traditionen nicht mehr durch einfache Hinnahme angeeignet werden kann, stellt erhöhte Anforderungen an die Menschen, die an ihr teilhaben. Selbstbeobachtung bedeutet Infragestellung. Und die wiederum erfordert die Bereitschaft, selbst permanent am Geschäft der Kritik teil zu nehmen.

Eine als Bedeutungsproduktion verstandene Kultur geht darüber noch hinaus. Kritik und die damit verbundene Bereitschaft zur Revision setzt sie als selbstverständlich voraus. In einem weiteren Schritt entwickelt sie die Möglichkeit, komplexe Bedeutungsstrukturen in medialer Repräsentation so anzulegen, dass sie von vornherein in multiple Sinnwelten eingelassen sind und nur im Status der Veränderbarkeit wahrgenommen werden können. Auch eine solche Kultur erfüllt Orientierungsfunktionen. Zu der in ihrem Kontext gültigen Orientierung gehört allerdings auch die Einsicht in die Kontingenz aller durch die Kultur konstituierten Gegebenheiten (vgl. Konersmann 2008: 43). Es ist so, wie es jetzt ist; es könnte allerdings auch anders sein: Diese zentrale Botschaft der Kontingenz führt eine medial erfasste Bedeutungsproduktion permanent und unausweichlich mit sich. Der damit verbundene Verlust an Sicherheit wird durch einen Zugewinn an Flexibilität ausgeglichen. Eine Kultur der multiplen Sinnwelten eröffnet dem Individuum unabsehbare viele Möglichkeiten des Selbstentwurfs. Und dadurch, dass in einer solchen Kultur Raum für sehr unterschiedliche Sinnwelten ist, wird nicht die Dominanz favorisiert, sondern das Gespräch. Kultur wird damit als Diskursraum zu einem Kreuzungspunkt des medialen Austausches und zur Transferzone für Differenzen des Sinns. Sie erzeugt Inhalte. Aber viel mehr noch trainiert sie performative Fertigkeiten. Ihr Zentrum liegt nicht in Beständen, sondern in Prozeduren. Es bleibt zu fragen, wie sich dieser Entwurf im digitalen Zeitalter fortsetzen lässt. Der durch digitale Medien in „kurze Etappen der Präsenz" (Willemsen 2016: 47) atomisierte Mensch könnte eines Tages nicht mehr in der Lage sein, kulturelle Sinnstrukturen auszugestalten und zu lesen. Wird diese Option unwahrscheinlicher, weil der „Begriff von Individualität, der sich durch eine kontinuierliche Persönlichkeit auszeichnet" (ebd.: 44) verschwindet?

Dimensionen der Kultur 2

Kultur ist niemals einfach von außen in den Blick zu nehmen, sondern bereits im Moment der Beschreibung nur als ihre Fortsetzung denkbar. „Wenn wir von Kultur reden, sind wir immer bereits ein Teil von ihr" (Steenblock 2004: 11). Diese nicht hintergehbare, grundsätzliche Qualität von Kultur war bereits weiter oben anzusprechen. Sie leitet die Vorgehensweise im folgenden Abschnitt an. Wenn nun grundsätzliche Dimensionen der Kultur als Bedeutungskonstrukt über Beispiele erschlossen werden, geht es um mehr als einen Kunstgriff der Vermittlung eines komplexen Themas an den Leser. Die Darstellung selbst macht sichtbar, wie Kultur nur beschrieben werden kann – als interpretierende Annäherung (vgl. Geertz 1987: 9), die bei den konkreten Ausprägungen der Kultur ansetzt und damit an ihrer Textur selbst weiter webt. „Reflexiv und auf sich selbst verweisend, ganz in sich geschlossen ist Kultur ein denkbar produktives Kraftwerk des Sinns. Ihr Geheimnis besteht darin, dass innerhalb ihres Universums alles auf alles verweist und Navigation in dieser Weite nur als unablässige Arbeit der Interpretation entworfen werden kann" (Lüddemann 2009b: 39f.). Deshalb werden Dimensionen der Kultur über den Weg der Interpretation dessen erschlossen, was zwar keinen ausschließlichen, dafür aber überaus instruktiven Zugang zu den ansonsten ungreifbar abstrakten Bedeutungsstrukturen bieten kann: deren Objektivierung im Artefakt. Das bedeutet keine Nobilitierung der Künste im Blick auf ihre Stellung innerhalb der Kultur, sondern zielt auf eine Deutung, die gerade ein Kunstwerk – in diesem Kontext – immer nur als Kreuzungspunkt und Ausdrucksform kultureller Energien versteht. Allerdings ist es auch das einzelne Artefakt, in dem kulturelle Bedeutung kondensiert und angeschaut werden kann (vgl. Konersmann 2003: 112).

2.1 Bedeutsamkeit: Warhols „Mythen" – Kultur als Verweissystem

Kulturen bringen dann Bedeutungen hervor, wenn in ihrem Kontext Objekte geschaffen werden, an denen diese Bedeutung beobachtet werden kann (vgl. Genazino 2006: 181). Andy Warhols 1981 zum ersten Mal ausgestellte Bilderserie „Myths" veranschaulicht diesen Mechanismus in beispielhafter Weise – nicht nur durch die Bereitstellung von Objekten, sondern auch dadurch, dass mit dem Zyklus der Siebdrucke ein Verfahren der Bedeutungsübertragung selbst einsichtig gemacht wird. Schließlich verknüpft Warhol mit seinen zehn Grafiken nicht nur Hochkunst und Massenkultur, überträgt das Dutzendmotiv in den Kosmos der teuer gehandelten Objekte. Er macht auch deutlich, wie Inhalte und Bedeutungen in der Kultur erst dann durchschlagende Wirkung erlangen, wenn sie zum optisch einprägsamen Signet und zur medial wiederholbaren Marke werden. Natürlich spiegeln sich in dieser Konstellation Verfahrensweisen und Wirkungsabsichten, wie sie prägend für die Pop Art als inzwischen historischer Epoche der jüngeren Kunstgeschichte gewesen sind. Über diesen engeren Bezug hinaus machen Warhols Bilder jedoch deutlich, wie mit der visuellen Übersetzung von Motiven und den damit einher gehenden Veränderungen der Kontexte auch Bedeutungen verschoben oder in einem bestimmten Sinn überhaupt erst konstituiert werden. Es kann an dieser Stelle schon vorweg genommen werden, dass Warhol im Bild leistet, was Kulturanalytiker wie Siegfried Kracauer und Roland Barthes in ihren Feuilletons mustergültig vorführen: Sie dechiffrieren die „Mythen des Alltags" (Barthes 1964), indem sie am vermeintlichen Treibgut einer Kultur ihren übergreifenden Sinn als Struktur exemplifizieren. Das gelingt nur dem, der sich darauf versteht, die „Exotik im Alltäglichen" (Kracauer 1977: 300) zu suchen und mit der damit implizierten Blickumkehr das Detail als Symptom des Ganzen zum Sprechen zu bringen.

Warhol ist diesem Ansatz im Medium des Bildes gefolgt. Er hat jedoch über eine bloß analytische Leistung hinaus selbst an der Bedeutungskonstitution von Kultur mitgewirkt – gerade dadurch, dass er einzelne Motive der populären Kultur zu Gegenständen der Kunst nobilitierte und sie obendrein im Format einer Serie zum Kanon einer massenmedialen Kultur stilisierte. Seine „Myths" (NRW Forum 2008) umfassen zehn Bilder von Figuren, die sich dem Fernsehen, dem Kino und der Werbung verdanken. Dracula, Howdy Doody, Mammy, Mickey Mouse, Santa Claus, Superman, The Shadow, The Star, The Witch und Uncle Sam: Diese zehn Figuren beziehungsweise Typen – „The Star" etwa wird von Greta Garbo als Inbegriff der Kino-Ikone verkörpert – bildete Andy Warhol in einer Serie gleich großer Siebdrucke ab, die in einer Auflage von 200 Exemplaren erstellt wurde. Die einzelnen Grafiken zeigen jeweils eine der genannten Figuren in kräftiger, zum Teil mit Diamantstaub verstärkter Farbgebung. Wie bei seinen anderen Siebdrucken auch verknappte Warhol die Darstellungen auf wenige visuelle Grundzüge. Dabei benutzte der Künstler nicht einfach vorhandene Bildvorlagen, sondern inszenierte die entsprechenden Figuren zu einem überwiegenden Teil mit Schauspielern neu (vgl. Lippert 2008). Dieses Verfahren half ihm nicht nur, den zum Teil verzwickten Problemen des Urheberschutzes zu entgehen. Indem Warhol von kostümierten Schauspielern eigene Polaroids als Vorlagen der Grafiken anfertigte, interpretierte er auch die jeweiligen Gestalten der Massenkultur neu.

Auch wenn er bei seinen Fotoshootings etwa für das Motiv der Hexe mit Margaret Hamilton sogar die Originalschauspielerin aus dem Ursprungskontext, in diesem Fall dem legendären Kinomärchen „Wizzard of Oz" (1939) zur Verfügung hatte, so gelangte er mit jedem Bild dennoch zu einer folgenreichen Verfremdung der ursprünglichen Motive. Dabei ist gerade diese Frage nach einem Ursprung nicht nur hier, sondern im ganzen Gewebe der Kultur stets von zwiespältiger Natur. Denn Ursprünge sind dann kaum auszumachen, wenn schon die Vorlagen von Bildschöpfungen ihrerseits Bilder sind und nichts als das. Fiktive Welten beziehen sich auf fiktive Welten: In diesem Strukturprinzip liegt nicht allein eine Pointe von Warhols Bildserie, sondern ein Charakteristikum von Kultur. Denn Kultur verfährt bei der Produktion von Bedeutung nicht mimetisch, indem sie eine außerhalb ihrer selbst liegende Realität einfach abbildet. Stattdessen operiert Kultur in Schleifen eines Produktionsprozesses, der jede Innovation mit einem Rückbezug verbindet und so Kreation und Wiederholung verknüpft.

Warhols Siebdruck-Serie verweist nicht nur auf diesen Mechanismus eines kreativen Prozesses, der in dieser Form nur in einer medial aufgestellten, zu selbstreferenzieller Schließung fähigen Kultur möglich ist. Mit dem Übergang zu „veränderten Beschreibungen" (Konersmann 208: 32) entstehen auch neue semantische Potenziale. Und mit ihnen verschieben sich Bedeutungen und schließlich auch Orientierungsmuster, die Werthaltungen, Interpretationsweisen und anderes mehr umgreifen. Derart weit reichende Konsequenzen ergeben sich nur deshalb, weil Kultur mit Bedeutungen nicht einfach nur bloße Tatsachen wie einen Klartext darstellt und abspeichert (vgl. Cassirer 1961: 17), sondern Bedeutungsinhalte stets mit Interpretationen und medialen Darbietungsweisen gekoppelt werden. Dies hält Bedeutung in Bewegung – als Bezugsgröße für eine permanente Lesartenentwicklung. Diese fortwährend arbeitende Produktivität beruht auf der Kopplung von Festigkeit und Variabilität. Stabilität entsteht durch Bedeutungen, die zu Schemata verdichtet werden (vgl. Moebius 2009: 100), Flexibilität durch Umdeutungen, die einmal fixierte Bedeutungen immer wieder im Fluss halten und sie für vielfältige kommunikative und mediale Anknüpfungen verfügbar machen.

Wie das praktisch inszeniert werden kann, führt Andy Warhol in seiner Bildserie mustergültig vor. Die paradigmatische Analyse der durch die Bilder und ihre Darbietung in Gang gesetzten Bedeutungsproduktion erfolgt in fünf Schritten: Wiederholung, Ausprägung von Mustern, Transfer, Kanonbildung und Re-Kombination.

- *Wiederholung*: Warhol wiederholt in seinen Darstellungen vorab geprägte Figuren, die aus Kontexten der Massenkultur, der Unterhaltung und Werbung stammen. Ihre Entstehung verdanken sie kommerziellen Interessen (vgl. Lippert 2008: 10), ihre Allgegenwart den Wirkungsmechanismen der Werbung und des Marketings. Indem Warhol die Figuren von Santa Claus bis zu Hexe und Uncle Sam noch einmal durch Schauspieler nachstellen lässt, erweckt er Figuren, die ihrerseits fiktiv und massenmedial reproduziert sind vorübergehend zu neuem Leben – aber nur, um sie in der erneuten Reproduktion noch viel nachdrücklicher auf abstrahierte Typisierungen zu reduzieren. Die Wiederholung eines Motivs ist somit keine simple Repetition, sondern der erste Schritt einer folgenreichen Transformation. Die Technik des Siebdrucks mit ihrer Betonung weniger, klar umrissener Konturlinien und starker Farbakzente unterstützt diese Typisierung.
- *Ausprägung von Mustern*: Auf einer neuen Abstraktionsstufe werden die Figuren aus den Massenmedien auch in neuer, weil zugespitzter Weise lesbar. Die Reduktion im Bild lenkt Blick und nachfolgende Interpretation auf wenige, genau fokussierbare Eigenschaften. Mehr als jemals zuvor werden sie nun zu Charakteren, die für bestimmte Eigenschaften und Gefühle stehen. Das Konterfei entwickelt Signalcharakter. So heimelig nun ein Santa Claus wirken mag, so bedrohlich wirkt Dracula und so abgrundtief böse erscheint „The Witch", die Hexe aus „Wizzard of Oz". Nun steht der „Star" für den Glamour des Entertainments, Howdy Doody symbolisiert gar Kindheit als Lebensphase. Die Reduktion der Charaktermasken auf Kondensate von Typen erzeugt standardisierte Vorstellungsmuster.
- *Transfer*: Warhols Siebdrucke sind in der Einprägsamkeit ihrer Bildformeln derart suggestiv, dass zunächst völlig aus dem Blick gerät, in welch dramatischer Weise der Künstler mit seiner Serie auch getrennte Kultursphären miteinander in unerwartete Beziehung setzt. Mit ihrer Re-Produktion in den Grafiken eines Stars der Kunstwelt erlangen die Figuren aus der Werbe- und Konsumwelt einen erstaunlichen Wert. Ihre Motive finden sich nun auf Bildern, die als teuer gehandelte Objekte eine materielle Wertigkeit haben – von der symbolischen ganz zu schweigen. Symbolischer Wert ergibt sich mit dem Eintritt dieser Figuren in die Kunst, also mit dem Überschreiten einer Grenze, die kulturelle Sphären trennt. Warhol macht hier aus Massenkultur Hochkunst – so ließe es sich zugespitzt sagen. Dabei ist der Transfer nicht nur in einer Richtung zu ver-

stehen. Schließlich wird nicht allein das Massenerzeugnis nobilitiert; umgekehrt profitiert auch die Kunst von der Schubkraft, die ihr mit der Prominenz der als Motiv verwendeten Figuren zuwächst.

- *Kanonbildung*: Die Frage nach dem Verhältnis von Massen- und Hochkultur kann noch in einer anderen Weise verstanden werden. Denn Warhol bildet mit seiner Bilderserie einen neuen Kanon aus, für den es ansonsten kein Vorbild gibt. Zunächst bringt er überhaupt Figuren zusammen, die wenig miteinander zu tun haben. Sie stammen aus verschiedenen Herkunftskontexten und medialen Darbietungsformen, sie haben überhaupt sehr unterschiedliche Vergangenheiten in heterogenen Kultursphären verbracht. Warhol ebnet diese Unterschiede ein – zugunsten einer neuen, überhaupt erst durch seine Serie erzeugten Standardisierung. Ein immer gleiches Bildformat, die Fokussierung einer Figur als Charaktermaske: Schon gestalterische Grundzüge überbrücken Differenzen, erzeugen eine Gleichheit der kulturellen Wertigkeit und Bedeutung, die hier entscheidend auch durch Formen der medialen Darbietung konstituiert wird. Warhol inszeniert seine Serie als Parade der Stars einer imaginären Welt, in der Grenzen zwischen Fiktion und Wirklichkeit aufgehoben zu sein scheinen. Der Künstler fügt die Köpfe populärer Figuren zu einem neuen Kulturkanon, der alte Hierarchien ersetzt. Ob Handpuppe oder Werbefigur, Gruselschocker oder Superheld: Die Figuren der Massenkultur finden sich wieder auf dem Olymp des Pop.
- *Re-Kombination*: Um in diese ungeahnten Höhen zu gelangen, mussten Figuren wie Mammy oder Mickey Mouse zunächst aus ihrem Herkunftskontext isoliert werden. Warhols künstlerische Strategie setzt genau damit ein – mit Auswahl und Isolation, die unerlässliche Voraussetzungen zuspitzender Typisierung sind. An diesem Punkt wird besonders deutlich, wie relevant Selektion und mediale Prägung für die Erzeugung kultureller Bedeutungen sind. Mit diesen Prozeduren und Verfahren lassen sich Inhalte ausprägen und Aufmerksamkeiten fokussieren. Warhol erreicht dies, indem er isolierte Motive in einen neuen Kontext überführt und sie zuvor in dramatischer Weise zuspitzt. Aus Figuren fiktiver Welten werden Signets, optische Signalzeichen, die nun im medialen Orbit zirkulieren und dabei frei sind für ganz neue Kombinationen und sich daraus ergebende Lesarten.

Der kurze Durchgang durch das Bauprinzip einer Bilderserie von Andy Warhol hat gezeigt, dass kulturelle Bedeutungen erst dann entstehen, wenn Themen, Motive und mediale Darbietungsweisen miteinander kombiniert werden. Das Beispiel macht vor allem deutlich, dass die Medialität hier keine bloße Oberfläche oder Schauseite ist, von der Themen als Inhalte gleichsam ohne Rest abgelöst werden könnten.

Mediale Erscheinungsformen konstituieren Bedeutung, weil sie Rezeptionsweisen anleiten und so mit darüber entscheiden, wie Themen angeeignet werden. In der Verschränkung von Themen und Medien werden Bedeutungsmuster ausgeprägt, die Wahrnehmungen anleiten, die Interpretation von Erfahrungen lenken und damit in letzter Konsequenz auch Verhalten motivieren (vgl. Bollenbeck 1996: 157). Der in diesem Kontext besonders wichtige Aspekt der Medialität von Kultur soll im nächsten Abschnitt noch einmal gesondert in den Blick genommen werden.

2.2 Medialität: „Tod eines Bienenzüchters" – Kultur als Vermittlung

In dem eben diskutierten Beispiel von Andy Warhol ist eines besonders deutlich geworden: Themen, Inhalte, kurz, Bedeutungen der Kultur erscheinen in Medien. Sie benötigen diese Medien, um überhaupt wahrgenommen werden zu können, mehr noch, ihre Prägung hängt wesentlich von den involvierten Medien ab. Medien machen sichtbar, sie vermitteln und formen zugleich das, was sie darstellen. Medien sind niemals indifferent, sie konstituieren „Bedingungen des Sehens" (Cassirer 2001: 25). Das hier entwickelte Verständnis von Kultur fokussiert einen „vom Menschen selbst geschaffenen Kosmos aus letztlich medialen Formen" (Lüddemann 2008a: 55). Kultur meint am Ende nichts anderes als das Zusammenwirken dieser Formen (vgl. Luhmann 1998: 409) im Sinn von anders nicht zu erbringenden Darstellungsleistungen. Analog zu den weiteren Abschnitten dieses Kapitels wird dem hier angesprochenen Phänomen anhand eines Beispiels nachgegangen.

In seinem Roman „Der Tod eines Bienenzüchters" (Gustafsson 2007), der 1978 zuerst erschien, erzählt der schwedische Autor Lars Gustafsson von dem früh pensionierten und an Krebs erkrankten Lehrer Lars Lennart Westin, der in einem kleinen Holzhaus in karger Landschaft lebt. Die bis zu seinem Tod noch verbleibende Zeit füllt er mit Wanderungen durch die raue Natur Schwedens – und mit Reflexionen über das Leben und den Tod, seinen Beruf, Beziehungen zu Frauen, zu seinen Eltern und vielen anderen Dingen mehr. Die literarische Fiktion des Romans besteht darin, seinen Text als Collage aus Fundstücken auszugeben. Der Autor fungiert als Herausgeber, der Texte arrangiert hat, die aus drei Notizbüchern stammen, die sich an verschiedenen Stellen des Hauses fanden, das der inzwischen verstorbene Verfasser Westin bewohnt hat. Diese Bücher werden nach Farbe und Machart akribisch beschrieben, ihre Fundorte spezifiziert – der Roman wirkt wie das Resultat einer minutiösen Spurensuche und wie das Vermächtnis eines Mannes, der in einer Art von Endzeit gelebt hat. In manchen Zügen gleicht Gustafssons Buch

2.2 Medialität: „Tod eines Bienenzüchters" – Kultur als Vermittlung

der Erzählung „Der Mensch erscheint im Holozän" von Max Frisch, die nur ein Jahr später erschien, und die in gleicher Weise ein Protokoll aus abgeschiedener Einsamkeit bietet.

Gustafssons Roman ist ein Monolog aus einem Grenzbereich, nicht nur einem des Lebens, sondern auch eines Grenzbereichs zwischen bewohntem Terrain und blanker Wildnis, zwischen Kultur und Natur – sofern deren Verhältnis hier der Einfachheit halber als unvermittelter Gegensatz verstanden wird. Gustafssons Romanfigur Westin gibt sich nicht nur Erinnerungen hin, sondern stellt auch Reflexionen an, die mit seiner eigenen Existenz das menschliche Leben überhaupt in extremer Weise ausleuchten. Die Lakonie der Notizen verstärkt nur den Eindruck, den Gedanken hinterlassen, die wie unverrückbare Findlinge unvermutet auftauchen. „Eine Welt, in der Wahrheit herrscht" lautet die Überschrift einer solchen, gerade einmal zwei Seiten umfassenden Notiz, in der die Romanfigur Westin nichts Geringeres unternimmt, als eine Welt zu imaginieren, in der es Kultur nicht gibt und die folgerichtig von Kultur selbst auch keinerlei Vorstellung entwickeln kann. „Auf dem Planeten Nummer 3 im System 13 des Aldebaran gibt es eine Zivilisation, die sich unmittelbar, ohne symbolische Verbindungsglieder, mit der Wirklichkeit befasst" (Gustafsson 2007: 118). So lautet der erste Satz dieser Notiz, in der das Zusammenleben von Wesen beschrieben wird, die als „vielgliedrige Tausendfüßler" in einer rötlichen, von Bergen gesäumten Ebene leben. Ihre Kommunikation – und die gibt es immerhin – ist denkbar einfach: Sie benennen Dinge, über die sie sich verständigen wollen, indem sie diese Dinge selbst einander vorzeigen. Diese Vorgehensweise erinnert an diejenige der Sprachskeptiker in Jonathan Swifts Roman „Gullivers Reisen" (1726), die Dinge in einem Rucksack mit sich führen und einander vorzeigen, sobald sie über diese Gegenstände kommunizieren wollen (vgl. Assmann 2006: 33). Bei Gustafssons seltsamen Wesen besteht jeder Austausch über eine Handlung in nichts anderem, als darin, diese Handlung unmittelbar auszuführen; jeder Verweis auf eine Sache ist erst dann gelungen, wenn diese Sache selbst bewegt worden ist. Diese Kommunikation kann sich nicht selbst tragen, da sie stets ihrer Gegenstände in deren physischer Präsenz bedarf. Das begrenzt den Horizont dieser Welt, schließt aber auch aus, was Kommunikation unablässig gefährdet: Missverständnis und Unwahrhaftigkeit, die durch die Zwischenschaltung einer Ebene medialer Vermittlung entstehen können.

Es gehört zu dem ironischen Doppelsinn von Gustafssons Roman, eine solche, auf einem fernen Planeten angesiedelte Welt in einen Wirklichkeitsstatus zu versetzen, von dem sie selbst gar keinen Begriff haben kann – nämlich dem des Fiktiven. Der Horizont der Tausendfüßler reicht so weit wie ihre Sinnesorgane, ihre physische Kraft und der Radius der unmittelbaren, weil auf körperhafte Interaktion eingeschränkten Kontakte mit ihren Mitbewohnern. Schon für uns Leser sieht das ganz anders aus. Wir lesen in einem Roman von dieser Welt. Lebten wir in dieser Welt selbst, gäbe es natürlich keine Bücher, überhaupt keine Sprache oder sonstige Systeme von Zeichen und ihren Verweisungsfunktionen. Das von Gustafsson entworfene Paradies der letzten Wahrhaftigkeit ist eine Welt ohne Kultur – und dass nicht allein deshalb, weil in der leeren Planetenlandschaft weder Museum noch Theater vorstellbar sind. Die Differenz ist viel tiefer anzusetzen, weit vor der Frage nach Institutionen, an deren Existenz wir ein entwickeltes kulturelles Leben bemessen würden. Es geht um die Frage nach der Symbolisierung überhaupt und damit um eine grundsätzliche Bedingung von Kultur, die in ihrem Kern aus nichts anderem als aus Verweisung und den damit verbundenen Zeichenkomplexen besteht.

Medialität ist, wie bereits angesprochen, Grundbedingung von Kultur. Denn Kultur leistet für Menschen, was Gustafssons Tausendfüßler auf ewig verschlossen bleibt: den Ausgriff in ausgedehnte Vorstellungskomplexe und eine Spannweite möglicher Weltbezüge, die das rudimentäre Leben auf dem Planeten Nummer 3 unmittelbar kollabieren lassen würde. Wo die Welt schon dort endet, wo sie physisch bewältigt werden kann, gibt es keine Verarbeitungsmöglichkeiten für unterschiedliche Versionen von Welt, die mit der Kultur unweigerlich ins Spiel kommen. Die setzen voraus, was in Gustafssons Roman als „komische kleine Zeichen auf einem Papier" (Gustafsson 2007: 119) bezeichnet wird: Buchstaben als Teile einer Schrift also, die es möglich machen, eine Welt wie die des fernen Himmelskörpers als bloßes Konstrukt der Vorstellung zu entwerfen. Den Kontakt mit dieser Welt gäbe es ohnehin nur in einer Form, die kein Kontakt mehr ist – nämlich als unmittelbare und zeitlich nicht weiter eingegrenzte Anwesenheit.

Kultur dagegen vervielfältigt Welt, indem sie ein System der Zeichen und der medialen Formate zwischen uns und der Welt etabliert. Der Gebrauch von Zeichen und Medien ist derart selbstverständlich, dass er meistens nicht weiter bemerkt wird. Es bedarf einer Blickumkehr, um statt eines Gegenstandes das Medium wahrzunehmen, das ihn zur Erscheinung bringt. Damit verhält es sich wie mit dem Blick aus einem Zugfenster: Man kann die Landschaft betrachten – oder die Fensterscheibe, die den Blick überhaupt ermöglicht und mit ihren Abmessungen der Wahrnehmung ganz konkret einen Rahmen vorgibt (vgl. Barthes 1964: 105). Dieses relativ einfache Beispiel macht nur die grundsätzliche Relation von Medium und Gegenstand deutlich. Immerhin fällt der Blick durch das Zugfenster noch auf eine ganz reale Landschaft, die der Reisende wahrnimmt. Kulturell relevantere Dimensionen dieser Konstellation sind dann erreicht, wenn nicht mehr allein faktisch nachprüfbare Objekte zur Erscheinung gebracht werden, sondern darüber hinaus gehende, weil nur vorgestellte Welten ins Spiel kommen. Metapher, Fiktion, Erfindung: In diesem Bereich entfaltet Kultur mit der Vervielfachung von Gegenstandsbezug und den daran gekoppelten Sinnebenen ihre volle Leistungsfähigkeit.

2.2 Medialität: „Tod eines Bienenzüchters" – Kultur als Vermittlung

Als System „von Wahrnehmungen und Inblicknahmen" (Konersmann 2008: 30) kann Kultur niemals als bloße Abbildung einer Wirklichkeit, sondern immer nur als Organ von deren produktiver Erzeugung (vgl. Baecker 2001b: 536) angemessen verstanden werden.

Mit Kultur gibt es also niemals einen direkten, gleichsam naiven Blick oder gar Zugriff auf eine Welt, die als schlichtes Gegenüber situiert ist. Stattdessen entwickelt Kultur ein System aus Weisen der repräsentierenden Darstellung, die immer beides ist – Vermittlung eines Gegenstandes oder Themas und zur gleichen Zeit eine bestimmte Form der Anschauung dieses Gegenstandes. Die Einsicht, dass „alle Objektivierung in Wahrheit Vermittlung" (Cassirer 2001: 4) ist, meint nichts anderes als die Einsicht in den unvermeidlichen Doppelcharakter einer Weltaneignung durch Kultur. Sie vollzieht sich in einer doppelten Bewegung, die sich auf der anderen Seite Themen und Objekten zuwendet, auf der anderen Seite jedoch insofern auf sich selbst gerichtet ist, als sie die eigenen Vermittlungsprozeduren in den Blick nimmt. Darstellungsformen der Kultur ermöglichen eine Hinwendung auf die Welt und trennen zugleich von ihr, weil sie unvermeidlich ebenso vermittelnd wie sich selbst thematisierend angelegt sind (vgl. Cassirer 1961: 25). Medialität von Kultur ist somit unvermeidlich immer reflexiv verfasst. Sie kann nur funktionieren, wenn ihre Wirkungsweisen immer wieder auch selbst in den Blick genommen und mit bedacht werden. Mediale Formen sind keine bloßen Werkzeuge, sondern kulturelle Fakten von eigenem Gewicht – und von eigener, Bedeutung stiftender Wirksamkeit. Mit Kultur schaut der Mensch nicht allein auf die Welt, sondern immer zugleich auf sich selbst. Gerade im Hinblick auf ihre reflexiv verfasste Medialität ist Kultur stets ein Gespräch des Menschen mit sich selbst (vgl. Cassirer 1996: 50).

Anders gesagt: Kultur ist selbst eine Welt und es darf daran gezweifelt werden, ob es für den Menschen überhaupt eine Welt geben kann, die außerhalb kultureller, also medialer Bezugnahme liegt. Wer mag, darf die Tausendfüßler in dem Roman von Gustafsson um ihr Leben ohne Lüge beneiden. Zugleich sollten sie aber auch bedauert werden für eine Existenz, der schon für den Vergleich von Dingen, ihre abwägende Unterscheidung, ja überhaupt für wertende Bezugnahme jedes einfache Mittel fehlt. Dass eine solche Situation aber auch keine Möglichkeit lässt, solche Defizite zu bedauern, ja sie überhaupt zu bemerken, gehört zu den raffinierten Pointen der Darstellung Gustafssons. Eine andere liegt in der Einsicht, dass Kultur Welt eröffnet, aber jeden Rückweg in ein Leben ohne zeichenhaften Weltbezug versperrt. In der Kultur gibt es Welt nie einfach so, Wirklichkeit niemals ohne differenzierende Wahrnehmung und unterscheidende Bewertung. Zeichen und Symbole vervielfältigen die Skalen verfeinerter Differenzierung. Zugleich eröffnen sie jedoch auch das Problem der Verifikation des in der Kommunikation Gemeinten. Zeichen handhabt nur der angemessen, der nicht nur ihren Verweisungscharakter wahrnimmt, sondern auch auf die jeweiligen Zeichen selbst und ihre Verwendungsweisen blickt. Zeichensysteme funktionieren immer mit Rückkopplungsschleifen. Daraus resultieren in gleicher Weise Vorteile wie auch Konfusionen. Mit der symbolischen Verfasstheit von Kultur ergeben sich Orientierungsprobleme und skeptische Einschätzungen dessen, was Wahrheit überhaupt noch sein kann. Auf diese kulturkritische Sichtweise hebt auch die Darstellung des fernen Planeten in Gustafssons Roman ab. Wer letzte Wahrheit will, kann in Wirklichkeit über nichts mehr reden: Diese bittere Diagnose verbirgt sich hinter Gustafssons Fiktion einer fernen Lebenswelt ohne Kultur: „Für die Ebene selbst, die theoretisch dasselbe ist wie die Welt, haben sie selbstverständlich keinen Begriff" (Gustafsson 2007: 119).

2.3 Reflexivität: „MoMA"-Schau – Kultur als Selbstkorrektur

Medialität von Kultur führt, wie wir eben gesehen haben, in gleicher Weise zu Leistungssteigerung wie auch tendenziell zu Unübersichtlichkeit. Dies gilt umso mehr gerade dann, wenn nun in den Blick genommen wird, was unmittelbar zur Medialität von Kultur gehört: Reflexivität. Als „Verfeinerungs- und Vervielfältigungsorgan" (Konersmann 2008: 25) einer Kultur wird die Reflexivität konkret ausgemünzt im Geschäft der Kulturkritik, die in der aktuellen Analyse von Kultur gerade wieder eine neue Konjunktur erlebt (vgl. Bollenbeck 2007). Als Räsonnement über den sich angeblich immer wieder neu ereignenden Verfall der Kultur, als bildungsbürgerliche Besorgtheitsfloskel über unterstellte Haltlosigkeiten der Massenkultur (vgl. Steenblock 2004: 13) oder gar „kollektives, antimodernes Ressentiment"(Bollenbeck 1996: 283) hat Kulturkritik sicher ausgedient. Als „Begleitdiskurs in reflexiv gewordenen Kulturen" (Schnädelbach 1996: 313) hingegen muss sie wohl als unverzichtbare Instanz reflexiver Rückkopplung angesehen werden. Ihr Geschäft ist das einer permanenten Revision gültiger kultureller Muster mit dem Ziel, Prozeduren und Prozesse der Repräsentation, Selektion und Kommunikation (vgl. Bühl 1986: 126) rechtzeitig umzubauen, so dass sie weiterhin leistungsfähig bleiben können. Kulturkritik arbeitet als Organ der Reflexivität genau dort, wo eine Kultur darüber entscheidet, welche Standards und Muster gültig bleiben sollen und welche ersetzt werden müssen. Neue Standards werden vorzugsweise aus einem Bereich zugeführt, der mit seinen Provokationen die Verarbeitungsroutinen von Kultur immer wieder stört – dem der Kunst. Das für diesen Abschnitt leitende Beispiel für die Einführung eines neuen kulturellen Standards ist deshalb aus diesem Bereich gewählt.

2.3 Reflexivität: „MoMA"-Schau – Kultur als Selbstkorrektur

Dieses Beispiel ist die Ausstellung mit Meisterwerken aus dem New Yorker Museum of Modern Art, kurz MoMA, die vom 20. Februar bis zum 19. September 2004 in der Berliner Neuen Nationalgalerie gezeigt wurde (Elderfield 2004). Mit 1,2 Millionen Besuchern setzte die Schau nicht nur einen sensationellen Besucherrekord, sondern markierte auch weitere Bestmarken (vgl. Chlebowski, Odier 2005). Kaum einmal zuvor war es in dieser Weise gelungen, eine Museumssammlung als Marke in der Medienöffentlichkeit zu positionieren. Selbst eine Ausgabe der Kasseler Weltkunstschau Documenta, von der weiter unten noch die Rede sein wird, wird kaum einmal mit der Intensität wahrgenommen und diskutiert, wie dies der MoMA-Schau zuteilwurde. Die als Nachfolgeformat konzipierte Schau mit impressionistischen Gemälden aus dem New Yorker Metropolitain-Museum 2007 am gleichen Ort fand freundliche Beachtung, erreichte aber nicht die durchschlagende Wirkung des MoMA-Formats. Auch die überaus erfolgreiche Ausstellung mit der Sammlung des Guggenheim-Museums in Bonn machte ganz deutlich, dass die MoMA-Schau ein Solitär bleiben würde – und dass gerade deshalb, weil es dabei nicht allein um eine Kunstausstellung, sondern vor allem um ein Kulturformat von überwältigendem Beziehungsreichtum ging (vgl. Lüddemann 2011c: 34–46).

Dabei war die Ausgangssituation scheinbar einfach, weil inzwischen in der Kunstwelt alltäglich: Ein Museum schließt wegen Umbauarbeiten und schickt in dieser Zeit einen Teil der eigenen Kollektion auf Reisen. Nichts anderes war auch in New York geschehen. Der Unterschied zwischen dem MoMA und dem Rest der Museumswelt ist nicht allein der schieren Masse und einschüchternden Qualität der Sammlung dieses Hauses geschuldet. Der entscheidende Unterschied verdankt sich vor allem einer musealen Konzeption, die früher als dies an anderen Orten gelang, unterschiedliche künstlerische Medien in einer Sammlung integrierte und zudem die Kollektion an dem Ideal ausrichtete, die künstlerische Moderne selbst anhand maßgeblicher Beispiele darzustellen. Eine Sammlung als normatives Statement – in diesem Punkt liegt die kulturelle Bindekraft eines Hauses, das nicht nur ein Museum unter anderen ist, sondern sich selbst als zentrale Institution und Bewertungsinstanz der Moderne verstanden wissen will.

Die MoMA-Ausstellung erfüllte nicht nur Erfolgsfaktoren, die eine Kunstausstellung vor anderen auszeichnet, sondern wurde auch Aspekten gerecht, nach denen der Beziehungsreichtum von Kultur bewertet werden kann. Man hatte es bei dieser Ausstellung mit herausragenden Kunstgegenständen, also auratisch aufgeladenen Objekten zu tun, traf mit Berlin und der Neuen Nationalgalerie auf einen sowohl politisch wie auch künstlerisch vielfach konnotierten Ort, nahm den Diskurs zur Kenntnis, der sich als mediale Reaktion rund um diese Ausstellung reich entfaltete und entdeckte schließlich noch eine Praxis, die während der „MoMA"-Schau selbst zum Mythos wurde: die endlos lange Besucher- und Warteschlange, die sich in mehrfachen Windungen beinahe permanent um die Nationalgalerie herum zog und die manche Beobachter für das wichtigste Kunstwerk dieser Ausstellung hielten. Derart viele Dimensionen verweisen schon auf den über die Präsentation von Gemälden, Objekten und Installationen hinaus weisenden kulturellen Stellenwert dieses Ereignisses. Seine eigentliche Relevanz bestand jedoch darin, dass sich mit der Ausstellung die fundamentale Bedeutung eines kulturellen Standards offenbarte und zugleich die Fähigkeit der Kultur, die eigenen Bewertungs- und Bezugssysteme erfolgreich – und folgenreich – umzubauen.

Damit sollen nicht die wundervollen Kunstwerke unterschätzt werden, die es seinerzeit in Berlin zu sehen gab, nicht van Goghs, Picassos oder Cézannes Gemälde, auch nicht die Großformate von Monet bis Pollock, der von Besuchern regelmäßig umlagerte „Tanz" von Matisse und erst recht nicht Gerhard Richters Zyklus „18. Oktober 1977" von 1988, der die Erinnerung an die RAF und die von ihr heftig bewegte Zeitgeschichte zu seinem Gegenstand hat. Wer aus der Richtung der Kultur auf diese Bilderstrecke der Superlative schaute, war insofern von diesen Bildern bewegt, als er in ihnen eine kulturelle Norm von hoher Bindungskraft erkannte und als deren Voraussetzung die Fähigkeit von Kultur, eigene Standards in Frage stellen und umbauen zu können. Dies heißt nichts anderes, als dass eine auf Reflexivität ausgerichtete Kultur in der Lage ist, Irritation und Provokation auszuhalten und positiv zu integrieren. Natürlich trifft das nur auf eine Kultur zu, die sich als mediales und reflexives Bezugssystem und nicht als starres Raster fixierter Normen versteht.

Die eben angesprochene Irritation verdankt sich einer nahen Verwandten der Kultur, die im Namen eines veralteten Kulturverständnisses als Kanon der Hochkultur immer noch mit ihr verwechselt wird – der Kunst. Im Fall der MoMA-Sammlung heißt das: Der von dem New Yorker Museum repräsentierte Standard war natürlich nicht immer unumstritten. Im Gegenteil: Als die meisten der in Berlin gezeigten Bilder entstanden, waren sie Gegenstand von Skandalen oder blieben einfach unbeachtet. Ihre Form der Wirklichkeitsdarstellung widersprach zunächst den geltenden kulturellen Standards und deren grundsätzlichen Formen der Repräsentation von Wirklichkeit.

Kunst hat überhaupt und grundsätzlich die Funktion, mit ihren Innovationen die Norm herauszufordern und in ihrer Geltung zu bestreiten, die Kultur setzt. Kultur als Norm und Regel, Kunst als Wagnis und Neuerung – diese, auf den ersten Blick konstruiert wirkende Alternative hat etwas für sich. Natürlich kennt auch Kunst ihren Kanon und das Moment einer wenig inspirierten Regelerfüllung. Aber Kunst ist seit dem Beginn der Moderne in der Ausprägung als Avantgarde auf das Tempo und die Bewegungsdynamik ununterbrochener Innovation ausgelegt und erfüllt gerade damit eine bestimmte Rolle, die ihr im kulturellen System zumindest der

2.3 Reflexivität: „MoMA"-Schau – Kultur als Selbstkorrektur

westlichen Welt zugewiesen ist. Kultur zeigt damit, dass sie längst auf Selbstbeobachtung, also eine Beobachtung zweiter Ordnung eingestellt ist (vgl. Luhmann 1998: 151) und so mit ihrer Infragestellung rechnet – und zwar in der Gestalt einer Kunst, die kontinuierlich Vorschläge macht, wie die kulturelle Norm einer Repräsentation von Wirklichkeit umgebaut werden könnte. Ob Impressionismus oder Kubismus, Expressionismus oder Surrealismus – auch ohne eingehende Erläuterung der einzelnen Kunststile dürfte klar sein, dass Kunst nicht nur unser Bild vom Menschen mit immer neuen, zum Teil sogar parallel entwickelten Vorschlägen irritiert und unter Spannung gesetzt, sondern überhaupt die Repräsentation von Wirklichkeit ständig in Frage gestellt hat. Mit anderen Worten: Sie hat der Kultur Möglichkeiten neuer Standards von Repräsentation angeboten und gleich noch obendrein einen Standard, der alle anderen übertrifft und damit umgreift – die Fähigkeit nämlich, ein kulturelles System auf die multiple Repräsentation von Wirklichkeit umzustellen.

Kultur hat in der Moderne nicht allein die Provokation durch die Kunst immer wieder ausgehalten. Sie hat es auch zugelassen, das Innovationstempo der Kunst selbst zu einem neuen kulturellen Standard werden zu lassen. Kultur hat ihre Komplexität in einem zuvor nicht vorstellbaren Maß gesteigert, indem sie die Zahl ihrer internen Beobachtungsvarianten dramatisch erhöhte und im gleichen Zug deren ständige Evaluation und mögliche Ersetzung zu einer ihrer heute als völlig normal empfundenen Operationsroutinen erhob. Die Schlange vor der „MoMA"-Schau in Berlin bedeutete vor diesem Hintergrund nicht allein ein Votum breiter Besucherschichten für eine bestimmte ästhetische Geschmackspräferenz. Die Schlange und die mit ihr verbundene exorbitante Besucherzahl (vgl. Lüddemann 2011c: 42f.) machten auch klar, dass der durch die Kunst der Avantgarden verkörperte kulturelle Standard längst allgemein akzeptiert worden ist. Mögen die Künstler der heraufziehenden Moderne seinerzeit attackiert worden sein – heute stehen ihre Werke für eine neue kulturelle Norm. Der Besuchererfolg der Berliner Ausstellung mag 2004 Kulturmanager und Marketingexperten erfreut haben. Vor allem bestätigt er die Fähigkeit der Kultur, ihre eigenen Standards neu justieren und gegebenenfalls auch ersetzen zu können. Die „MoMA"-Schau war ein voller Erfolg – auch als Beleg für die Vitalität einer als Bedeutungs- und Symbolstruktur eingerichteten Kultur.

Insofern ist auch eine als Reflexivität verstandene Kulturkritik immer mehr als nur ein „Gewirr von Kommentatorenstimmen" (Konersmann 2008: 8). Sie ist eine Reflexionsschleife, die als Selbstgespräch einer Kultur verstanden werden kann und als Arbeitsroutine, die für eines sorgt – dass in Kultur nichts zur nur noch überlebten und damit ziemlich unproduktiven Routine absinkt. Als „Beobachtungssonde" (Baecker 2001a: 26) einer Kultur arbeitet die Kritik natürlich mit einer ganzen Reihe von Prozeduren, die nicht einfach mehr als externer Kommentar angesehen werden können, sondern gerade in der Mitte der Kultur platziert sind und dort mit vielfältigen Verwirklichungsformen in Erscheinung treten (vgl. Konersmann 2008). Mit diesem Blick auf Kulturkritik können alle Aktions- und Produktionsformen zu ihr gerechnet werden, die am Umbau von Kulturstandards teilhaben. Im Fall der Berliner „MoMA"-Ausstellung sind demnach auch Kunstkritik und Publizistik, das Kuratieren von Ausstellungen (vgl. Lüddemann 2008a: 65–70), Medienberichterstattung und vieles andere mehr zu diesem Kontext zu rechnen. Das Geschäft der Reflexivität ist innerhalb einer Kultur längst nicht mehr auf einzelne Instanzen beschränkt, sondern als Prozedur in vielfältige Felder und Aktivitäten eingesickert. Kulturkritik ist heute nicht mehr eine Frage des Standorts, sondern ein Problem der Blickrichtungen und Wahrnehmungsweisen. Der Standort der privilegierten Überschau lässt sich damit nicht mehr einnehmen. Stattdessen haben sich die produktiven Folgen und Konsequenzen kulturkritischer Bemühung im Rahmen der Reflexivität von Kultur deutlich vermehrt.

2.4   Heterogenität: „Lost in Translation" – Kultur als Vielfalt

Medialität und Reflexivität erhöhen die Leistungsfähigkeit von Kultur, weil sie die Zahl vorstellbarer Sinn- und Bedeutungswelten dramatisch erhöht und zugleich die Beobachtungsmöglichkeiten sowie die Optionen für Kommentar und Kontroverse erheblich vermehrt. Die Kehrseite solcher Zunahme ist ein deutlich ansteigender Regulierungsbedarf. Dieser Bedarf besteht darin, diese vielfältigen Optionen ihrerseits wieder zu strukturieren und auf ihre Wertigkeit hin zu sichten. Reflexive Kultur führt zu einem eigenen Bedarf an internem Management. Mit der entsprechend steigenden Zahl interner Verweise und Bezugnahmen steigt auch die Komplexität einer Kultur dramatisch an. Kultur verliert nicht nur ihre Eindeutigkeit und Wiedererkennbarkeit, sie wird tendenziell zu einem Terrain des Fremden, auf dem vorsichtig navigiert werden muss. Diese Aufgabe stellt sich vor allem dann, wenn selbst schon komplex strukturierte Kulturen miteinander in Kontakt treten. Das sich damit ergebende Moment der Heterogenität von Kultur – und Kulturen – soll nun anhand eines Kinofilms erläutert werden, der diese Konstellation in paradigmatischer Weise zum Thema macht.

Er ist ein alternder Schauspieler, der eine Whisky-Reklame dreht, sie die junge Ehefrau eines Fotografen – und beide sind sie Gestrandete in einer fremden Kultur, zwei Amerikaner mitten in Tokio. Sofia Coppolas inzwischen legendärer Kinofilm „Lost in Translation" von 2003 kann von seinem Titel her ganz wörtlich verstanden

2.4 Heterogenität: „Lost in Translation" – Kultur als Vielfalt

werden: Der Zuschauer erlebt mit den beiden Protagonisten – Scarlett Johansson spielt die junge Charlotte, Bill Murray den wesentlich älteren Bob Harris – wie es sich anfühlt, wenn inmitten einer ganz anderen kulturellen Umgebung jede Sicherheit verloren geht, man irgendwo zwischen Text- und damit auch Sinnebenen wie in einen plötzlich sich öffnenden Spalt gerutscht ist und die Fremdheit einer anderen Kultur als unübersteigbar erlebt wird (vgl. Lévi-Strauss 2008: 396). Mit einem Mal kann der fremde Reisende kein Schriftzeichen mehr entziffern, fühlt sich gefangen in unvertrauten Höflichkeitsritualen oder ist dem endlosen Wortschwall von Filmregisseuren oder Talkmastern einfach nicht gewachsen. Sofia Coppola gestaltet gerade diese Situationen zu kleinen Episoden aus, die zwischen Ernst und Belustigung, Orientierungsverlust und Spaß am Umgang mit dem Unvertrauten gekonnt die Balance halten. Mit dem Wechsel der kulturellen Sphäre kippen kulturelle Passungen aus ihrer ansonsten verlässlichen Funktion, geht die Selbstverständlichkeit von Kontaktaufnahmen ebenso verloren wie die von scheinbar ganz alltäglichen Einschätzungen und Bewertungen.

Sofia Coppola hat diese Unsicherheit deshalb so genau eingefangen, weil sie diese zum Grundprinzip ihres ganzen Films gemacht hat. Der thematisiert den Kulturbruch weder als tragischen Verlust, noch als Farce um komische Missverständnisse, sondern hält das alles in einem federleichten, niemals ganz aufgehobenen Schwebezustand. Dem entspricht ein Handlungsfaden, der eigentlich keiner ist. Die Handlung setzt sich nicht nur aus kleinen Episoden zusammen, sie kennt auch weder manifeste Umschlagpunkte noch echte Katastrophen und erst recht keinen eindeutigen Schluss. Haben Charlotte und Bob nun wirklich eine zart aufkeimende Liebesbeziehung miteinander oder doch nicht? Und wohin wird ihr Leben treiben, nachdem sie sich in einer Straße irgendwo in Tokio in den Armen gehalten haben?

Sicher ist vorerst nur eines: Der Kontakt mit der anderen, fremden Kultur irritiert Außenorientierungen und führt nahezu automatisch dazu, dass die betroffenen Personen ihren Blick nach Innen richten. Ob Charlotte hinter einem Panoramafenster sitzt und auf die japanische Metropole herunterblickt oder Bob einsam an der Hotelbar sinniert – beide stellen sich dem Fremdheitserlebnis, indem sie das eigene Leben und damit ihre Identität kritisch, manchmal selbstquälerisch, manchmal fatalistisch befragen. Bindungen zur Welt vertrauter Bezüge sind buchstäblich zu fragilen Fäden ausgedünnt. Charlottes Mann ist so sehr in seinem beruflichen Ehrgeiz als Fotograf befangen, dass er gar nicht mehr bemerkt, wie sehr die Kommunikation mit seiner Frau auf einen gefährlichen Nullpunkt zuläuft. Und auch die Telefongespräche Bobs mit seiner Familie in den fernen USA beschränken sich auf Floskeln, die ein Gespräch eher simulieren als herstellen.

Weit über das psychologische Kammerspiel hinaus hat Sofia Coppola mit ihrem Film einen unausweichlichen Effekt der Globalisierung sichtbar gemacht – den der beschleunigten und damit zur oberflächlichen Kurzberührung ausgedünnten Kontakte von Kulturen, die sich bislang fern standen oder so gut wie nie in Verbindung waren. In dieser Welt bleibt für lernende Vertiefung in die andere Kultur ebenso wenig Zeit wie für eine Reflexion auf Vorurteile oder die gründliche Abgleichung von Selbst- und Fremdbildern. Kulturkontakt und damit die unvermeidliche Begegnung mit Fremdheit beschränkt sich auf unspezifische Störgeräusche, die weggefiltert werden, bevor sie sich zu wirklicher Irritation auswachsen können. Die Funktionsroutine ökonomischer Produktionsvorgänge bietet scheinbar eine Ebene neutraler, weil rein geschäftsmäßiger Kontakte. Das Äquivalent solcher Kontakte findet sich im Film in den funktionalisierten Transferbereichen globalen Verkehrs zwischen Airport, Hotellounge und Konferenzzone. Solchen räumlich zu situierenden Sphären entsprechen symbolische Areale. Sie reichen von einem auf einen Basiscode zurück gestutzten Englisch bis hin zum Dresscode der Geschäftswelt mit ihren Erkennungszeichen.

„Lost in Translation" führt in diese Welt – oder sollten es nicht besser heißen: Der Film zeigt sie als eine spiegelnde Oberfläche? Alles, was sich hinter ihr befindet, bleibt so unverstanden, dass es bestenfalls noch zum Reiz taugt, der als touristisches Highlight schnell verbucht werden kann. Ansonsten ist diese Oberfläche eigentlich ein blinder Spiegel, der jeden, der in ihn hineinsieht, lediglich auf sich selbst zurück verweist. Kontakt von Kulturen als bloße Sprachlosigkeit? Auch damit ist im Kontext dieses Kinofilms zu rechnen, so schwer es auch fällt, den Widerspruch zwischen totaler medialer Vernetzung und ausbleibendem Verstehen hinzunehmen. Genau auf diese bittere Pointe führt die Filmhandlung jedoch hin.

Kultur ist demnach keine Matrix der Vertrautheit mehr. Wahrscheinlicher als das Verstehen und Erkennen ist das Erlebnis ausbleibender Verständigung. Solche Erlebnisformen gehören inzwischen zum Alltag in der globalisierten Welt mit ihrer hohen Frequenz an Kontakten mit anderen Kulturen. Unter dem Leitwort der Hybridität (vgl. Bhabha 2000) wird diskutiert, inwieweit die Heterogenität als Normalfall des Kulturkontakts und als erwartbare Form kultureller Erfahrung überhaupt nicht nur hinzunehmen, sondern auch auszugestalten ist. Hybridität meint im Kontext der Kultur die Vermischung und Kombination von Kultureinflüssen zu neuen Gebilden. Dies hat vor allem Folgen für kulturelle Identitäten. Sie erscheinen nun nicht als homogen strukturierte Gebilde, sondern als Kompositum aus sehr unterschiedlichen Bestandteilen. Zum „unauflöslichen Grenzcharakter der hybriden Kultur" (ebd.: 336) gehört nicht allein eine Drift der Zuordnungen von Bedeutungen und Zeichen, sondern auch die Notwendigkeit, Fragen der Identität und Zugehörigkeit immer wieder neu auszuhandeln (vgl. Bachmann-Medick 2006: 199).

Hybridität ist jedoch nicht allein eine Dimension des Kulturkontakts. Die mit dieser Vokabel verbundene Vorstellung von Kultur als Komposition aus heterogenen

2.4 Heterogenität: „Lost in Translation" – Kultur als Vielfalt

Bestandteilen kann auch und gerade auf die Binnenverhältnisse einer Kultur angewendet werden. Migration und Kulturkontakt führen zur Aufnahme von Elementen aus vormals fremden Kulturen. Migranten treten im Kontext einer ihnen zunächst fremden Kultur in Aneignungsprozesse ein, die wiederum auf die vorgefundene Kultur verändernd zurückwirken. Es kommt zu einer Vermischung von Traditionslinien, zu Verfahren wie Collage und Sampling (vgl. Bachmann-Medick 2006: 198), mit denen hybride kulturelle Identitäten ausgestaltet werden. Inzwischen kann sogar die Frage gestellt werden, ob die globale Kulturwirklichkeit nicht bereits dieses Konzept der Hybridität überholt hat. Im Zeichen einer neuen Hyperkultur (Han 2005) könnten längst kulturelle Wirklichkeiten entstanden sein, in denen die Frage nach Eigenem und Fremdem, die Konzepten der Hybridität stets zugrunde liegt, nicht schon obsolet geworden ist. An Hyperkultur kann auch die Frage nach kultureller Identität nicht mehr sinnvoll gestellt werden. Diese Form der Kultur lebt im Status einer unentwegten Bedeutungsdrift und fordert Teilnehmer, die sich in ihr ständig wie Nomaden oder Touristen bewegen, für die kulturelle Zuordnungen keine Rolle mehr spielen.

So gehört zur Kultur nicht allein Heterogenität, sondern – wie Sofia Coppolas Film zeigt – auch ein ganzes Arsenal darauf folgender möglicher Reaktionen. Fremdheit kann übergangen werden, um das Funktionieren einer bestimmten, weitgehend formalisierten Ebene des Kontakts sicherzustellen. Fremdheit kann aber auch grundsätzlich genommen werden und Anlass für Konflikte bieten. Und schließlich bleibt die Möglichkeit, Fremdheit wahrzunehmen, den Umgang mit ihr jedoch spielerisch zu gestalten und ihn so von Erfolgs- oder Entscheidungsdruck zu entlasten. Vor allem dies scheint in „Lost in Translation" das Verhältnis der Kulturen zu bestimmen. In der Talkshow dürfen Moderator und Gast ruhig aneinander vorbei reden. Dafür bleibt das gemeinsame Karaoke-Erlebnis, bei dem Partygänger Popsongs eher schlecht als recht nachträllern, dafür aber im Medium gemeinsamen Erlebens Augenblicke eines Kontaktes auf Probe erreichen. So melancholisch Sofia Coppolas Film auch ausfallen mag – er wirft doch auch einen Blick auf Kulturkontakte, der versöhnlich stimmt. Denn er nimmt der Heterogenität von Kulturen die ideologische Spitze und öffnet den Blick für einen Kontakt, der tastend und unverbindlich bleiben darf – auch um den Preis einer Fremdheit, die zumindest teilweise bestehen bleibt, dafür aber die Option auf eine „spielerisch verfremdete Selbstwahrnehmung" (Konersmann 2008: 68) eröffnet. Das mag der Ambition eines auf Durchdringung ausgerichteten Verstehens von Kulturen zuwider laufen. Zugleich entlastet solche Unverbindlichkeit aber auch von den Konfrontationsmustern fundamentalistischer Kulturgegensätze, die in der globalen Welt allzu oft wie Sprengsätze an schlummernden Konfliktszenarien wirken.

2.5 Fazit 2: Kultur – „Tragödie" oder Chance und Option?

Der analysierende und interpretierende Durchgang durch die grundsätzlichen Dimensionen der Kultur hat mit Bedeutsamkeit, Medialität, Reflexivität und Heterogenität nicht nur relevante Merkmale vorgeführt und auf deren wechselseitige Verschaltung aufmerksam gemacht. Die hier vorgetragene Analyse hat auch deutlich gemacht, dass Kultur gerade wegen ihrer grundsätzlichen Merkmale von einer tiefen, nicht aufhebbaren Dualität gekennzeichnet ist: Dem Zuwachs an einer Produktivität, die sich erhöhter Umlaufgeschwindigkeit der Bedeutungsproduktion verdankt, steht eine anwachsende Unübersichtlichkeit gegenüber. Dieser Antagonismus scheint sich nicht nur einer schnellen und erst recht nachhaltigen Auflösung zu entziehen, er gehört auch zu den Grundfiguren einer bereits vor Jahrzehnten einsetzenden Kulturanalyse, die immer wieder zu Kontroversen führte. Das Alter dieser Kontroverse belegt eindrucksvoll, welch unumkehrbare Entwicklungsdynamik die moderne Medienkultur bereits entfaltet hat. Zugleich stellt sich aber auch die Frage, ob sich das Problem in der Gegenwart nicht entschärft hat – und zwar dadurch, dass Menschen längst gelernt haben, mit der scheinbar überbordenden Vielzahl kultureller Objektivationen und Identitäten erfolgreich umzugehen.

„Tragödie der Kultur" lautet der zum Schlagwort sedimentierte Leitbegriff dieser Kontroverse, die in der ersten Hälfte des 20. Jahrhunderts entfaltet worden ist. Das für seine Zeit kennzeichnende Gefühl, „von einer Unzahl von Kulturelementen umgeben zu sein" (Simmel 1998: 216) interpretierte der Kultursoziologe Georg Simmel als Überlastung und Stress. Seine Diagnose: Die „Ausdehnung des objektiv vorliegenden Wissensstoffes" (Simmel 1989: 621) sowie die „Fülle der Zweckreihen" und überhaupt die „beängstigende Differenziertheit der Lebenselemente" (ebd.: 490) führt zum Kollaps der Kultur. Auf der einen Seite das Überangebot der Kulturprodukte, auf der anderen Seite die begrenzte Aneignungskapazität der Individuen – diesen Grundkonflikt deutete Simmel als eine sich immer weiter öffnende Schere. Für ihn erschien dieser Prozess zudem in unausweichlicher Konsequenz. Mit ihrem Fortschritt produziert die Kultur immer mehr Errungenschaften, die den Menschen in der objektivierten Gestalt von Wissensbeständen, Kunstwerken und dergleichen mehr umgeben. Kultur erfüllt sich nach Simmel aber immer erst dann, wenn Kulturprodukte auch angeeignet, dass heißt zum Bestandteil des individuellen Lebens gemacht werden. In Zeiten der Überlastung durch immer mehr Kultur sah er diese unabdingbare Aufgabe als nicht mehr erfüllbar an. Er erblickte folgerichtig in der „Kultiviertheit eine im Unendlichen liegende Aufgabe" (Simmel 1998: 208).

Neben die Überforderung durch Kultur als ein Zerfallen ihrer Struktur in eine bloße Anhäufung unverbundenen Spezialwissens (vgl. Konersmann 2003: 73ff.) stellte der Begründer der Psychoanalyse Sigmund Freud das Stichwort des „Unbehagens

2.5 Fazit 2: Kultur – „Tragödie" oder Chance und Option?

in der Kultur" (Freud 2007). Nach Freud trägt die Kultur einen „großen Teil der Schuld an unserem Elend" (ebd.: 52). Seine Diagnose: Kultur entfaltet erheblichen Normierungsdruck und auferlegt dem Individuum so einen unerträglichen Verzicht auf die Erfüllung von Triebwünschen. Diese Versagungen sind nach Freud nicht zu ertragen. Die Folge: In der Kultur wird der Mensch zwangsläufig neurotisch. Seine Hoffnung setzte Freud auf eine allmähliche Veränderung der Kultur selbst mit dem Ziel einer besseren Anpassung ihrer Regelwerke an die Bedürfnisse des Einzelnen.

Ob „Tragödie" oder „Unbehagen": Kritische Diagnosen konstatierten für die moderne Kultur eine fatale Entgegensetzung von objektiver Belastung und individueller Überlastung, sie erblicken in der Kultur eine Objektwelt und ein Regelwerk von geradezu repressiver Präsenz, während das Individuum als ausgegrenzt und in Fremdheit gefangen erscheint. Aber liegt in der vermeintlichen „Tragödie" der Kultur nicht eigentlich ihr unausweichliches Strukturprinzip (vgl. Steenblock 2004: 35)? Ein Prinzip, das Garant für eine Produktivität ist, die den Menschen nicht einengt, sondern ihm gerade neue, bislang ungeahnte Optionen eröffnet? Simmels Diagnose vom „Unbehagen in der Kultur" hat Ernst Cassirer scharf kritisiert – als Fehleinschätzung eines Mystikers, der reine Wesensschau erwartet und unausweichlich an der Medialität der Kultur scheitern muss (vgl. Cassirer 1961: 107). Cassirer klagte Simmel an, die Bildwelten der Kultur als vermeintliches Blendwerk zu Unrecht zu verurteilen (vgl. ebd.). Gegen solchen Pessimismus stellte Cassirer sein Votum für einen Kulturfortschritt, der sich in immer neuen Objekten und Produkten dokumentiert. Die Werke der Kultur sah Cassirer nicht als starres Gegenüber, sondern als Anlässe für immer neu einsetzende Aneignungs- und Anverwandlungsaktivitäten des Menschen (vgl. ebd.: 111). In dieser Perspektive erscheint Kultur nicht so sehr als Bestand, sondern als Prozess, nicht als Arsenal starrer Dinge, sondern als Set von Prozeduren. Dieser Prozess hat nach Einschätzung Cassirers allerdings kein vorhersehbares Ziel. Er ist nur zu bejahen und insofern als Aufgabe zu begreifen; als lineare Progression wollte auch der Optimist Cassirer die Kulturentwicklung nicht sehen.

Heute muss der eben skizzierte Konflikt um die Expansion von Kultur nicht einfach als entschieden gelten. Wenn heute ein „Stillstand bei forciertem Betrieb" (Scheytt 2008: 250) konstatiert wird, scheint in solchem Argument noch etwas von Simmels Diagnose durch. Dagegen finden sich jedoch auch Wortmeldungen von Kulturanalytikern, die sich aus der angeblichen „Unverarbeitbarkeit des Überangebots" (Genazino 2006: 178) kein Dogma machen. Nach dieser Einschätzung hat sich der Großstadtmensch „mit der Herrschaft der Substitute arrangiert" (ebd.) und deren Angebot an die Stelle eigener, subjektiver Erfahrungen gesetzt. Es stellt sich allerdings die Frage, ob überhaupt noch mit der Entgegensetzung von Ersatz und Wirklichkeit, also von Kultur und Realität zu argumentieren ist. Kultur ist schließlich nicht hintergehbar. Vermeintliche Wirklichkeit kommt nur in den Blick, soweit sie von den Wahrnehmungsweisen der Kultur für den Blick eröffnet wird. Das bedeutet jedoch: Wirklichkeit ist von ihrer kulturellen Zurichtung nicht zu trennen. Dies muss nicht als Verlust eines vermeintlich unverfälschten Anfangszustandes beklagt werden. Im Gegenteil: Viele Bedürfnisse, Gefühle, Blickweisen entstehen überhaupt erst im Augenblick ihrer kulturellen Artikulation. Darin liegt keine Beschränkung, sondern umgekehrt eine unschätzbare Bereicherung. Dieser Zuwachs besteht nicht allein in Objekten, sondern – ganz im Gegensatz zu Simmels damaliger Diagnose – in der prismatisch aufgefächerten Optik, die eine medial und reflexiv aufgestellte Kultur bereitstellt. Diese Optik eröffnet dem Menschen eine unübersehbare Fülle von Blickweisen auf das eigene Leben. Kulturelle Bestände und Prozeduren werden zu Hilfsmitteln und medialen Vehikeln, wenn es darum geht, die eigene Identität immer wieder neu zu entwerfen und damit das eigene Dasein als unendlich bereichert zu erfahren.

Ein Blick auf die gegenwärtige Landschaft der Kultur zeigt, dass dieser Stand der kulturellen Entwicklung Klagen über eine Überflutung mit Kulturprodukten offensichtlich abgelöst hat. Aktuelle Kultur ist eine Inszenierungskultur geworden, in der sich Lebensstile, Milieus und Altersgruppen in einem denkbar weiten Fächer ausdifferenziert haben. Kultur hat nicht nur vielfältige Szenen, Erlebniswelten und fiktive Räume hervorgebracht. Parallel dazu haben Menschen auch ihre Fähigkeiten erweitert, in einer derart pluralen Kultur nicht einfach nur zu leben, sondern mit ihr auch produktiv umgehen zu können. Das schließt die Fähigkeit zum gleitenden Wechsel zwischen Szenen und Welten ebenso ein wie die Geläufigkeit des Umgangs mit Geräten, Formaten und Darbietungsformen einer modernen Medienwelt. Mit der Kultur und ihren Angeboten sind auf der Seite der Individuen auch die Kapazitäten der Verarbeitungsfähigkeiten expandiert. Dieser Prozess wird anhalten. Friktionen drohen von anderer Seite. Heute sind es eher Positionen eines religiös motivierten Fundamentalismus, die signalisieren, dass eine ausdifferenzierte und plurale Kultur auch eine Überforderung sein kann – nämlich dann, wenn gegen sie am Bild eng umgrenzter Identitäten festgehalten wird

Kleines Glossar der Unterscheidungen 3

Mit den eben entworfenen Dimensionen kommt Kultur als Gefüge aus Sinnstrukturen und Bedeutungskomplexen in den Blick, das sich mit Vorstellungen von strikten Grenzziehungen nicht verträgt. Kultur ist keine nach außen abgeschlossene Struktur, sondern eher Kontaktareal und Transferzone, in der das Geschäft der Bedeutungskonstitution als permanente Neuprägung verläuft. Zu diesem Prozess gehört Offenheit im Sinn einer ständigen Durchdringung. Entsprechend ist Kultur selbst immer wieder Kreuzungspunkt – auch für verwandte Begriffe und mit ihnen verbundene Vorstellungswelten. Das in diesem Kapitel enthaltene Glossar inszeniert mit der Gegenüberstellung von Kultur und anderen Termini entsprechend auch keine definitiven Abgrenzungen. Mit Unterscheidungen werden hier immer auch Überschneidungen thematisiert, die deutlich machen, dass sich Kultur als Terminus in anderen Begriffen spiegelt und fortsetzt, in kontrastierender Absetzung die eigene Kontur immer neu justiert und sich zugleich in einem Wortfeld positioniert, dessen Gehalte und Vorstellungswelten nichts anderes verkörpern als die semantische Genese und Ausgestaltung des Kulturbegriffs selbst.

3.1 Kultur und Natur

Kultur und Natur sind nicht nur konträr positionierte Begriffe. Natur ist in diesem Glossar auch deshalb als erster Terminus anzuführen, weil er am Anfang der Genese des Wortes „Kultur" steht. Natur bezeichnet als Gegenbegriff zur Kultur (vgl. Ort 2003: 19; Daniel 2004: 444) genau das, was als erstes zum Objekt der mit Kultur gemeinten Hinwendung wird – die ungestaltete Natur als bloß geologisches Faktum. Das lateinische Verb „colere", das am Anfang der Wortgeschichte von „Kultur" steht, meint mit den Aktivitäten des Bebauens und Veredelns genau die Vorgänge, die aus Natur ein agrarisch genutztes Areal oder eine Landschaft machen. Entsprechend lässt sich mit Blick auf das Resultat dieser Anstrengungen von Anpflanzungen als „Kulturen" sprechen, ganz gleich, ob es sich um Wein, Obst oder anderes handelt. Kultur findet in Natur ihr Material, erhebt es mit ihrem formenden Eingriff zu etwas, das nicht mehr einfach nur Natur genannt werden darf.

Natur kommt so als Gegenwelt zur Kultur in den Blick und als das, was der Kultur inkorporiert werden kann. Dies vermindert nicht das Irritationspotenzial, das für die Kultur immer in der Natur steckt. Denn Natur ist das, was sich Kultur immer wieder verweigert, etwas, das seine ungestaltete Wildheit behalten und behaupten möchte und nicht bereit ist, sich der Kultur mit ihren Vorstellungen von Ordnung und Form zu unterwerfen. Dabei ist Natur auch unbedingt doppeldeutig zu verstehen. Sie meint ein Außen und ein Innen, eine Natur, die der Mensch als geologisches Faktum in seiner Außenwelt vorfindet – und ein Innen, das der Mensch als Psyche mit all ihren Antrieben, Wünschen, und Ängsten in sich selbst entdeckt. Die draußen liegende Natur ist im Extremfall der Dschungel als schier undurchdringliche Wildheit, gegen die der Mensch sich schützen muss. Die drinnen liegende Natur erscheint in ähnlicher Weise unbeherrschbar und chaotisch – als Welt, die als Schrecken und Lust wahrgenommen wird. Der Begriff „Natur" hat als imaginiertes Gegenüber in der Kultur nicht nur hier eine unersetzbare Funktion – als Möglichkeit, Bereiche der Existenz zu entwerfen, die deshalb beunruhigen, weil sie sich der Kultur mit ihren Formen, Standards und Regelwerken entziehen.

Natur bleibt das ständige Gegenüber der Kultur. Als deren entweder erfolgreich überwundener oder nur mühsam ausgegrenzter Widerpart, zieht sie zwiespältige Gefühle und Einschätzungen auf sich. Natur erscheint als Irritation wie als Hoffnung, als Gefährdung wie als Sehnsuchtsziel. Diese Doppeldeutigkeit betrifft die Natur wie den Menschen in gleicher Weise. Als Naturzustand erscheint Natur als früher Zeitpunkt in der historischen Entwicklung, als mythenhaft verklärte Phase vor dem Einsetzen der Kulturentwicklung mit ihrer zivilisierenden Wirkung. In den Vorstellungen vom Naturzustand scheint eine doppelte Qualität auf. Unter diesem Begriff kann Natur als das Heile und Gute verstanden werden (vgl. Schnädelbach 1994: 519), das sich mit den von Kultur verursachten Deformationen des Menschen trefflich kontrastieren lässt. Zum Vorstellungskreis des Naturzustandes gehört allerdings auch das Bild von einem gänzlich unregulierten Zusammenleben der Menschen, das von Gewalt und Chaos geprägt ist. Auf der einen Seite ist Natur die große Heilerin, die alle Defizite der Zivilisation wieder zurück nimmt, auf der anderen Seite erscheint sie als Schreckbild einer Verwirrung, die durch Kultur glücklich überwunden wurde. Kultivierung ist wieder das, was sie schon im Sinn der Bebauung und Landwirtschaft ist: Zähmung und Regulierung. Dennoch bleibt die Natur als Naturzustand eine permanente Provokation der Kultur. In diesem spezifischen Sinn wird Natur immer wieder als Zeuge aufgerufen und

3.1 Kultur und Natur

als Bezugspunkt aktiviert, wenn es darum geht, sich kritisch gegen die Kultur zu wenden (vgl. Schnädelbach 1996: 315).

Mit der Doppeldeutigkeit der Natur als Naturzustand korrespondiert auch das Menschenbild, das von der Natur her definiert wird. Als Naturwesen, das auch in ihm steckt, wird der Mensch als „nacktes ungeschütztes Geschöpf" (Malinowski 2005: 151), als Wilder" verstanden (vgl. Kohl 2000: 17ff.). Im Hinblick auf seine begrenzten physischen Möglichkeiten und die Unsicherheit seiner Instinkte muss der Mensch unausweichlich als Mängelwesen erscheinen (vgl. Bollenbeck 1996: 57). Diese Sicht wird vor allem von der Anthropologie formuliert. Kultur kann demnach nur als Ersatz und Kompensation verstanden werden – für eine Minderausstattung, die nur ausgeglichen werden kann, wenn sich der Mensch eine Kultur erschafft, die ihn wie eine zweite Umwelt schützend umhüllt. Natur bedeutet dann den Hinweis auf ein nie wirklich zu behebendes Defizit des Menschen. Der erscheint in dieser Blickrichtung jedoch nur als Instinktwesen und nicht so sehr als Wesen, das sich von Tieren vor allem durch seinen Symbolgebrauch unterscheidet. Als „animal symbolicum" (Cassirer 1996: 51) vertraut es nicht so sehr auf Instinkte, sondern auf selbst geschaffene Zeichen und Bilder. Die Unsicherheit seiner Instinkte bedeutet für den Menschen auch, dass er nicht dem Zwang der unmittelbaren Verkettungen von Reizen und Reaktionen unterworfen ist. Das Symbol als zentrales Kennzeichen der Kultur bietet nicht die gleiche Verweissicherheit wie der Instinkt. Dafür erlaubt es das Symbol jedoch, sich von eindimensionalen Ablaufschemata frei zu machen, das eigene Handeln in Alternativen zu sehen.

Wer Natur mit Blick auf Kultur diskutiert, kann jedoch an der Tatsache nicht vorbei sehen, dass der Mensch eigentlich keine Wahlmöglichkeit hat. Er ist unausweichlich Kulturwesen, ein Kulturwesen allerdings, das die Natur wie eine Metapher einsetzt – als Zeichen für all das, was seinem Leben fehlt, und als Gegenbild, an dem sich der eigene Lebensentwurf immer wieder korrigieren lässt. Insofern kann Natur niemals einfach nur als das ganz Andere begriffen werden, das sich der Kultur versperrt. Denn schon der Blick auf die Natur ist nur als kultureller Akt zu verstehen (vgl. Steenblock 2004: 47). Wer wirklich ganz und gar als ihr Teil in der Natur lebt, macht sich keinen Begriff von ihr. Natur als Bild und Vorstellungskomplex, überhaupt als metaphorisch aufgeladenes Gebilde gibt es nur als Projektion, die ihren Ort in der Kultur hat. Die Wahrnehmung der Natur als Natur setzt eine Grenzziehung voraus (vgl. Bühl 1986: 124), die nur auf der Grundlage einer zuvor erfolgten Trennung erfolgen kann.

Dieser Mechanismus wird besonders dann deutlich, wenn die Frage nach gestalteter Natur gestellt wird. Als ihr zentrales Paradigma gilt die Landschaft, die jedoch nicht einfach von sich aus vorhanden ist, sondern erst als „kulturelles Bedeutungskonstrukt" (Lüddemann 2009a) konstituiert werden kann. Landschaft liegt nicht vor, sie entsteht

– und zwar erst dann, wenn der betrachtende Mensch einen bestimmten Ausschnitt aus der Natur isoliert und zur Landschaft erklärt. Natur wird Landschaft, wenn sie mit Blick auf eine interne Struktur wahrgenommen wird. In der verwandelnden Aneignung durch die Kultur wird Natur nicht einfach nur Nutzfläche, sondern auch ästhetisches Phänomen, das in seinem Ausdruckswert und als Projektionspunkt für Wünsche, Sehnsüchte und Gefühle betrachtet, gefühlt und erfahren wird. Kulturell angeeignet wird Natur in der Gestalt der Landschaft zu einem Gegenüber, in dem der Mensch sich findet – dadurch, dass er sich die Landschaft ganz konkret zum Bild macht und sie als Erlebnisraum entdeckt. Als Landschaft avanciert die Natur hingegen zu dem, was sie als vermeintliches Gegenüber der Kultur nicht sein kann und darf: zu einem kulturellen Zeichen. Diesem Zeichen wird in seinen unterschiedlichen Ausprägungen Bedeutung und affektiver Wert beigemessen. Vor allem als romantische Landschaft wird Natur zu einem Reflektor von vielfältigen Gefühlslagen und dadurch zu einem Ort der Sehnsucht. In der einfacheren Ausprägung des touristischen Reiseziels ist von solchen kulturellen Formungen noch sehr viel zu spüren. Die als Landschaft zugerichtete Natur wird als pittoresker Erlebnisraum zum Klischeebild von eigener Wertigkeit, auch im Sinn massenmedialer Präsenz.

Damit ist das Thema Landschaft nicht einmal erschöpft. Im figurativen Sinn taugt Landschaft auch zur Bezeichnung für Konstellationen, die mit Natur nichts mehr zu tun haben. Es gibt auch Medien- oder Museumslandschaften. Wer in diesem Sinn von Landschaft spricht, meint ein Ensemble, dass mit seiner Staffelung von Vorder- und Hintergründen als Wahrnehmungsphänomen erlebt wird, und dass mit seinem Nebeneinander von bestimmenden Details und eher randständigen Nebendingen eine Wirklichkeit bezeichnet, die man als Struktur wahrnimmt, sie zugleich jedoch nicht vollständig überblicken kann. Landschaft ist in diesem Sinn ein Phänomen der Wahrnehmung als Erlebnis der Unschärfe, die auch durch einen wandernden Betrachterstandpunkt entsteht. An diesem Punkt wird vollständig klar, wie sehr Natur selbst der Kultur schon anverwandelt ist oder zum Ausgangsmaterial für Vorstellungskomplexe taugt, die ganz und gar zur Kultur gehören. So kann es beim Reden über Natur eines auf keinen Fall geben – eine falsche Unschuld (vgl. Lévi-Strauss 2008: 105).

3.2 Kultur und Zivilisation

„Der Unterschied von Geist und Politik enthält den von Kultur und Zivilisation (…) Deutschtum, das ist Kultur, Seele, Freiheit, Kunst und *nicht* (Hervorheb. orig.) Zivilisation, Gesellschaft, Stimmrecht, Literatur" (Mann 1988: 23). An diesem Zitat

3.2 Kultur und Zivilisation

aus Thomas Manns Essaybuch „Betrachtungen eines Unpolitischen" verwundern nicht nur Entgegensetzungen, die heute kaum noch jemand nachvollziehen würde; es erschreckt auch der militante Ton eines Textes, der den Kontrast von Kultur und Zivilisation zum Konflikt zweier unversöhnlich erscheinender Daseinsformen zuspitzen möchte (vgl. Fisch 1992: 760ff.). Bei Mann stehen nicht allein Kultur gegen Zivilisation, sondern auch Seele und Freiheit gegen Gesellschaft und Stimmrecht, Kunst gegen Literatur. Dabei sind sowohl die Kunst wie das Stimmrecht zu den Errungenschaften der Zivilisation zu zählen und es steht wohl auch außer Frage, dass eine jede Gesellschaft kultiviert sein sollte. Der kurze, für Manns Buch hingegen charakteristische Textauszug mag heute als Symptom für eine geistige Haltung dienen, die noch scharf unterschied, was heute mit keinem guten Grund mehr zu trennen ist – die Kunst und die gute Umgangsform, Poesie, Seele und das demokratische Grundrecht, mit einem Wort: Kultur und Zivilisation. Thomas Mann arbeitete zu Beginn des 20. Jahrhunderts nicht den Gegensatz zweier Begriffe heraus, er wusste auch, dass mit ihrer Kontrastierung die politische Debatte folgenreich anzuheizen war. Im Kontext des Ersten Weltkrieges taugte das, was heute als bloße Differenz von Fachbegriffen erscheint, zur polemischen Abgrenzung zwischen Deutschland und Frankreich (vgl. Eagleton 2001: 18). Hier die tiefe deutsche Kultur, dort die oberflächliche Zivilisation Frankreichs und anderer westeuropäischer Länder (vgl. Bollenbeck 1996: 23): In ihrer unterschiedlichen Zuordnung avancierten die Termini zu Kampfbegriffen, zumindest im deutschen Sprachgebrauch.

Als Zeugnis „deutscher Ideologie im Widerstand gegen den Westen" (Schnädelbach 1996: 320) ist die einst heiß geführte Debatte zum bloßen historischen Zeugnis abgekühlt. Der einstige Konflikt erstaunt auch deshalb, weil es hier, anders als bei der Entgegensetzung von Kultur und Natur, um zwei Begriffe geht, die sich denkbar nahe sind (vgl. Fisch 1992: 718ff., Kaube 2017) und zeitweise kaum wirklich unterscheidbar erscheinen. Kulturelle Leistungen lassen sich ohne Probleme in den Horizont einer Zivilisation eingliedern, zivilisatorische Errungenschaften sind Voraussetzung dafür, Menschen und gleich ganze Gesellschaften als kultiviert bezeichnen zu können. Erst recht dann, wenn die Begriffe Kultur und Zivilisation auf Gesellschaften angewendet werden, verschwimmen die einst als trennend wahrgenommenen Unterschiede. In beiden Fällen werden künstlerische Spitzenleistungen wie auch geformte Prozeduren der Alltagskultur unter den einen oder den anderen Begriff subsumiert werden können. Kultur wie Zivilisation meinen „die gesamte Lebensweise eines Volkes" (Huntington 2002: 51). Der Fortschritt in Fragen des materiellen Lebens kann im Ernst nicht vom Stand hochkultureller Hervorbringungen getrennt werden (vgl. Kaube 2017).

Sobald es um Konkurrenz oder gar Konfrontation der Begriffe Kultur und Zivilisation geht, ist aber genau dies der Fall. Dann erscheint Kultur im Vergleich als der Begriff mit dem geringeren Bedeutungsumfang. „Kultur ist innerlich, Zivilisation äußerlich" (Bühl 1986: 120): Diese reduktionistische Definition gibt einen wichtigen Fingerzeig. Danach beschränkt sich Kultur in der verengten Fassung als Hochkultur insbesondere auf den Bestand künstlerischer Hervorbringungen, während Zivilisation alles bezeichnet, was im Alltag nützlich ist (vgl. Schnädelbach 1996: 320) – Umgangsformen, Konventionen, technische Produkte, medizinische Kenntnisse und dergleichen mehr. Mit dieser Unterscheidung wird unmittelbar deutlich, wie es möglich ist, der Zivilisation bloße Oberflächlichkeit zu bescheinigen, sie auf angeblich weniger werthaltige Aspekte eines alltäglichen Lebens aller Menschen zu beziehen. Zivilisation ist in dieser Optik eine Sache des grauen Alltags und der bloß konventionell lebenden Mehrheit der Menschen, sie schrumpft auf einen Komplex von Vorrichtungen dessen, was das Amtsdeutsch Daseinsvorsorge nennt. Prosaischer geht es kaum. Kultur hingegen wird dann nicht allein konsequent auf das Individuum bezogen, sondern auch mit all den Vorstellungen aufgeladen, die das Leben interessant und abwechslungsreich machen. In der Absetzung zu Zivilisation wird der Kultur zugeschlagen, was mit Selbstverwirklichung und Ausbildung von Talenten und Fähigkeiten zu tun hat. Kultur ist überhaupt eine Sache des Individuums und seiner Entfaltung. In solcher Unterscheidung von Zivilisation als bloß nützlicher Oberflächlichkeit und Kultur als dem Bereich, der auf geistige Inhalte bezogen ist, schwingen natürlich Vorannahmen mit, die erheblich normativ aufgeladen sind (vgl. Moebius 2009: 17).

Dabei hat diese Weise, einen Kulturbegriff so polemisch zu wenden und in Besitz zu nehmen, sehr viel damit zu tun, wie Zivilisationen sich untereinander abgrenzen – oder wie unter dem Dach einer Zivilisation unterschiedliche Kulturen nach Möglichkeiten suchen, trotz aller Gemeinsamkeiten um jeden Preis Differenzen zu konstituieren. Hat die heftige Polemik um den vermeintlichen Gegensatz von Kultur und Zivilisation in Wirklichkeit etwas damit zu tun, dass sich Völker in Wirklichkeit viel näher waren, als sie es selbst wahrhaben wollten? Diese Vermutung mag spekulativ sein, sie liefert aber wenigstens den Ansatz einer Erklärung dafür, warum im Namen zweier Wörter derart heftige Konflikte toben konnten, wie sie Thomas Manns „Betrachtungen" beispielhaft vorführen.

Dass Zivilisation niemals nur auf Individuen bezogen werden kann, sondern stets als kollektive Größe betrachtet werden muss, haben immerhin die inzwischen legendären Analysen von Norbert Elias deutlich gemacht (vgl. Elias 1976). Den „Prozess der Zivilisation" fand der Soziologe in einem nicht nur ganz Europa erfassenden, sondern auch Jahrhunderte dauernden Vorgang, der ebenso unmerklich wie folgenreich ablief. Ohne sich der bewussten Steuerung durch Individuen zu verdanken, führte er zu einer Umformung von Sitten und Konventionen sowie, auf der Seite der Individuen, zu einer Neueinstellung der Affekte und des Gefühlshaushaltes. In der Analyse von Büchern über Tischsitten und Benimmregeln fand Elias heraus, das zivilisatorische Entwicklung auf eine „stabile Regelung des Verhaltens" (Elias 1976. Bd. 2: 317) abzielt, die mit einer langsamen Modulation von Affektlagen erreicht wird. Zivilisation verdankt sich nicht den künstlerischen Großtaten einzelner Genies, sondern kollektiven Entwicklungsprozessen, die deshalb so viel Zeit benötigen, weil sie aus der Einübung neuer Verhaltensstandards bestehen. Diese Standards können nicht von Einzelnen dekretiert, sondern nur im sozialen Kontakt der Vielen erprobt, akzeptiert oder abgelehnt sowie eingeübt werden. Zivilisation als Disziplinierung der Affekte durch Regeln und Rituale: In diesem Verständnis scheint die Kontur einer sozialen Konvention auf, die keinen anderen Sinn hat, als das Verhalten möglichst vieler Menschen im Sinn entdramatisierter Interaktionen (vgl. Nassehi 2008: 73) stabil aufeinander abstimmen zu können. Solche Hervorbringungen sind niemals Selbstzweck; sie begleiten vielmehr Prozesse der Ausdifferenzierung von Gesellschaften, die nur dann einen höheren Komplexitäts- und damit Leistungsstand erreichen können, wenn sie Reibungspotenziale und Irritationen in den Griff bekommen, die diesen Zielen entgegenstehen.

Analysen wie die inzwischen klassisch zu nennende von Norbert Elias geben grundsätzliche Gesichtspunkte an die Hand, die es erlauben, semantische Differenzen zwischen Kultur und Zivilisation auszumachen. Das ändert nichts daran, dass die polemischen Attacken, die in früherer Zeit im Namen der Kultur gegen die Zivilisation geführt wurden, nur noch als überholt gelten können. Wer zivilisiert sein will, hat auch kultiviert zu sein. Und wer kultiviert erscheinen möchte, sollte zivilisiertes Benehmen an den Tag legen. Das eine ist ohne das andere nicht zu haben – weil der zugrunde liegende Standard in beiden Fällen der gleiche ist.

3.3 Kultur und Bildung

Kultur als Kultur und nicht als Zivilisation: Die eben diskutierte Unterscheidung zweier leitender Begriffe des Kulturdiskurses hat gezeigt, worauf Kultur verengt wird, wenn sie sich von Zivilisation abgespalten sieht – auf ein Ensemble künstlerischer Spitzenleistungen, die dazu gehörenden Rezeptionsweisen und Wissensbestände. Ein solches Ensemble darf nicht durchlässig konzipiert sein, wenn es diesem Kulturverständnis genügen soll. Es muss exklusiv und geschlossen sein, ein Kanon von Werken, die überzeitliche Geltung beanspruchen dürfen. Dieses Verständnis von Kultur verknüpft den Begriff der Kultur unweigerlich mit einem anderen wichtigen, aber heute problematisch gewordenen Terminus – dem der Bildung.

Bildung als „eine Form des Bewahrens" (Fuhrmann 2002: 6): In dieser Formulierung kulminiert ein Verständnis von Bildung, das den Aspekt des Kanons betont und dabei deutlich macht, dass Bildung nach rückwärts gewandt ist und nach einer Position sucht, die historischem Wandel enthoben ist. Bildung wirkt in dieser Perspektive wie ein Container für Inhalte, deren Status nicht in Frage gestellt werden sollte. Bildung erscheint so ohnehin zunächst einmal als ein Arsenal geistiger Güter, die sich einer großen Vergangenheit verdanken. Die Tatsache, dass neue Formen kulturellen Lebens den klassischen Bildungskanon gesprengt haben (vgl. Scheytt 2008: 72) macht die Sache so kompliziert, denn sie befördert die Bildung in die unerfreuliche Position eines permanenten Abwehrkampfes gegen aktuelle Entwicklungen, denen eines offenbar gemeinsam ist: Sie respektieren den normativen Kanon nicht mehr, der Bildung genannt wird. Diese Konstellation bringt auch die Kultur in Schwierigkeiten. Schließlich wird sie in einem landläufigen Sinn mit genau dem identifiziert, was zum Bildungskanon gehört. Wer sich der Kultur widmet, hat vor allem mit all dem zu tun, was Bildung ausmacht. Obendrein ist er dann unweigerlich an den Orten anzutreffen, die gemeinhin mit einer für konservativ gehaltenen Bildung in Verbindung gebracht werden: Theater, Museum, Konzerthaus. Mit dem Begriff der Bildung verbinden sich darüber hinaus Umgangsweisen und Rezeptionsformen, die heute unmodern erscheinen. Wer Bildung sagt, meint Hausmusik. Ist das wirklich so?

Der Begriff der Bildung ist jedoch gerade jetzt wieder im Aufwind. Das Thema der kulturellen Bildung hat Konjunktur (vgl. Scheytt 2008: 217ff.). Schließlich geht es darum, sich in einer Zeit um Bildung neu zu kümmern, wenn sie keine Selbstverständlichkeit mehr ist. Kultureinrichtungen wenden sich Kindern und Jugendlichen zu, in der Hoffnung, mit ihnen auch ein kommendes Publikum zu gewinnen. Zudem richtet sich kulturelle Bildung an Migranten, die in die Gesellschaft integriert werden müssen. Kulturelle Bildung vermittelt Wissensbestände, übt Rezeptionsweisen ein, hilft dabei, eigene Kreativität zu entdecken und auszuleben, öffnet Türen zu Kulturinstitutionen, die bislang, aus welchen Gründen auch immer, verschlossen blieben. Bildung im Sinn der kulturellen Bildung will Grenzen einebnen und Beteiligung ermöglichen. Sie überschreitet damit genau das, was mit Bildung in einem konservativen Sinn immer verbunden war – das Bild einer exklusiven Abschließung.

Bildung und Kultur als soziale Distinktion: Genau in diesem Sinn kam Bildung zu einem Zeitpunkt in den Blick, als sie aufhörte, selbstverständlich zu sein. Bourdieus Analysen von einer Bildung als symbolischem Kapital, das bewusst eingesetzt wird, um in sozialen Kämpfen als subtile Waffe zu dienen (vgl. Bourdieu 1982), setzten bereits ein instrumentelles Verständnis von Bildung voraus. Genau so sollte Bildung eigentlich nicht betrachtet werden. Zu den inzwischen historisch

3.3 Kultur und Bildung

gewordenen Begründungsfiguren gehört, dass Bildung eben kein „zweckorientiertes Leistungswissen" (Bollenbeck 1996: 163) sein darf. Weiterhin wurde Bildung seit jeher in erster Linie nicht auf die Gesellschaft, sondern auch das Individuum bezogen. Sie galt als Ort und Organ einer Entfaltung des Individuums (vgl. ebd.: 112), ermöglicht es ihm, „Ich sagen zu können" (Nassehi 2008: 133). Mit diesem ausschließlichen Bezug auf das Individuum, seine Anlagen und Bedürfnisse, schien Bildung jedem Nützlichkeitsdenken enthoben zu sein. Das verhinderte keineswegs, dass Bildung später dafür herhalten musste, mangelnden ökonomischen Wohlstand zu kompensieren (vgl. Schnädelbach 1994: 529). Weniger Geld, dafür Goethe und Schiller im Schrank: Diese hier bewusst simpel formulierte Alternative macht einen latenten Funktionswandel von Bildung deutlich, der bereits auf ein unmerkliches Verschwinden ihrer einstigen Ideale verweist. Bildung, als soziales Unterscheidungsmerkmal bewusst eingesetzt, ist bereits entäußerlicht und damit sich selbst tendenziell entfremdet. Sie verknöchert zum bloßen Geschmacks- und Verhaltensmuster, dem von Bourdieu so bezeichneten „Habitus" (vgl. Bourdieu 1982: 277ff.), der vor allem dazu gut ist, Bildung zur Unterscheidung gesellschaftlicher Kasten einzusetzen.

Dieses instrumentalisierte und zugleich rückwärts gewandte Verständnis von Bildung verdankt sich bestimmten Formen ihrer Bestandsbilanzierung und einer Parteinahme, die in ihrem Namen erfolgt. Bildung als Bestand und nicht als Prozess: Diesem Verständnis kommen wuchtige Kompendien wie der „Kulturfahrplan" entgegen, die nicht nur Wissen akkumulieren, sondern zugleich auch den Eindruck erwecken, Bildung sei ein Schatz, der am besten in einer Truhe sicher verwahrt wird. Dieses defensive Verständnis wird auch dann sichtbar, wenn akute Gefahren für Bildung im Heraufziehen der „Erlebnisgesellschaft" (Schulze 2000; vgl. Fuhrmann 2002: 55ff.) und anderen Erscheinungen moderner Unterhaltungskultur erkannt werden. Eine solche Einschätzung verrät nicht nur die Angst vor einem Rückschritt, der in jeder Veränderung der Kultur gewittert wird, sondern auch die Unfähigkeit, Bildung selbst als einen beweglichen Gegenstand zu sehen. Diese Beweglichkeit betrifft Bestände und Prozeduren. Zum einen müssen alle Bestände, die unter Bildung subsumiert werden, immer wieder auf ihre Gültigkeit, also auf ihre kulturelle Verbindlichkeit und Prägekraft geprüft werden. Zum anderen besteht Bildung nicht aus bloßen Gegenständen, sondern vor allem auch aus Verfahren. Wer gebildet ist, beherrscht Kulturtechniken, die gerade dazu befähigen sollten, sich neuen kulturellen Entwicklungen offen und lernbereit zu nähern.

Heute ist eines kaum zu bestreiten: Bildung ist auf dem Rückzug, gerade im Sinn von historisch orientierten Wissensbeständen. Dieser Trend wird zweifellos von dem sich derzeit vollziehenden medialen Wandel unterstützt. Der Wechsel vom gedruckten Text zum Internet, vom Buch zum Bildschirm begünstigt ein

Vergessen, dem ganze Bereiche kulturellen Wissens anheim fallen. Die Situation ist doppeldeutig. Auf der einen Seite erfordert ein Wissens- und Traditionsverlust von derartigen Ausmaßen energisches Gegensteuern; auf der anderen Seite verlangt der Medienwandel den Erwerb neuer Fertigkeiten und Umgangsformen. Gefragt ist nichts anderes als der Transfer kultureller Wissensbestände in eine neue mediale Epoche. Dies wird und kann nicht ohne Verluste abgehen. Wie bereits mehrfach dargelegt, bestehen kulturelle Inhalte niemals für sich allein, sondern sind immer von Medien wesentlich mitgeformt. Kultur hängt nicht nur an den Formen ihrer Repräsentation – sie lebt wesentlich in diesen Formen. Dieses Faktum wird auch über künftige Verständnisse von Bildung mit entscheiden. Es kann also nicht darum gehen, Bildung als bloßen Bestand ängstlich zu hüten. Vielmehr ist gefordert, die Bestände der Bildung unter veränderten medialen Bedingungen neu anzueignen und ihnen so ein erneuertes Leben zu schenken. Damit ist kein Votum für oder gegen bestimmte Medien verbunden. Gegen manche modische Diagnose muss nicht davon ausgegangen werden, dass das Buch seine beste Zeit hinter sich hat. Mediale Innovationen führen nicht automatisch zu Verdrängungen im Set der Medien. Sie erweitern und verändern nur das entsprechende Angebot und verschieben dessen interne Vernetzung. Kulturelle Bildung sollte dazu befähigen, sich in diesem Geflecht orientieren und dessen Optionen sinnvoll nutzen zu können. Bildung hat dann kaum eine Zukunft, wenn sie als bloße Abgrenzung verstanden und als rückwärts gewandte Bewahrung betrieben wird. Ihre Zukunft liegt in dem, was einem konservativen Bildungsverständnis fremd ist – in der Öffnung. Dann allerdings bieten sich ihr vielfältige Einsatzmöglichkeiten. Gerade in Zeiten eines tief greifenden, weil auf mehreren Ebenen sich vollziehenden kulturellen Wandels ist Bildung gefragt: als Einübung von Fertigkeiten wie als Vermittlung unverzichtbarer Wissensbestände.

3.4 Kultur und Kunst

Kultur bildet Standards aus, Kunst zerstört sie. Diese lakonische These ist ebenso zutreffend wie teilweise irreführend. Sie weist genau mit diesen Eigenschaften darauf hin, dass das vermeintlich selbstverständliche Verhältnis von Kultur und Kunst keineswegs frei von Irritationen und Störungen ist. Im Kontext einer als Bildung verstandenen Kultur scheint die Position der Kunst unverzichtbar, weil zentral zu sein: Sie macht als Bildungsschatz den Kern der als Bestand begriffenen Kultur aus. In diesem Zusammenhang droht nicht nur eine Verengung der Vorstellungen von Kultur auf ein Ensemble von Kunstwerken (vgl. Konersmann 2003: 60, Scheytt

3.4 Kultur und Kunst

2008: 21, Lüddemann 2015: 56–58), das in diesem Fall mit Museumsbeständen deckungsgleich ist. Missverständnisse liegen in diesem Zusammenhang auch deshalb nahe, weil Kunst sich in solche Kanonisierungen schon lange nicht mehr fügt. Spätestens mit dem Beginn der Moderne hat sie nämlich aufgehört, selbstverständlich zu sein. Mit den Avantgarden trennte sich die Kunst von den sich auf ihre Bildung berufenden Bürgern, verkehrte sich von einer vertrauten Kulturheimat in einen Störenfried und Provokateur, der den Konsens der Gebildeten herausforderte. Mit der Moderne verlor nicht nur der Bildungsbürger folglich seine maßgebliche Kompetenz in Fragen der Kunst (vgl. Bollenbeck 1996: 215); zugleich scherte auch die Kunst selbst aus den Einhegungen aus, die Akademien und Museen sowie vielfältige Konventionen der Darstellung und Rezeption ihr auferlegt hatten. Die Kunst machte sich regelrecht selbstständig und nahm für die neue Freiheit in Kauf, Regeln zu verletzen, Konventionen zu brechen und immer wieder auch nicht verstanden zu werden. In diesem Sinn bricht Kunst mit den Standards, um die Kultur sich bemühen muss – und sie tut es lustvoll. Eine Kunst, die auf Distanz zur Kultur geht, ist demnach zunächst vor allem eine Kunst der Moderne, genauer gesagt, eine Kunst der sich revolutionär verstehenden Avantgarden. Auch wenn die Kraft dieser Aufbrüche von einst heute erlahmt ist – die Kunst pflegt die aus ihnen resultierende Haltung weiter und integriert sie in eine ebenso anregende wie irritierende Ambivalenz. Denn Kunst verstört, schockiert, rüttelt auf und nimmt zugleich mit ihrer Musealisierung einen herausgehobenen Platz im kulturellen Leben ein. Als auratisch aufgeladene Objekte gehören Kunstwerke gar zu den Kronjuwelen der Kultur und stellen diese vor die mühsame Aufgabe der Integration.

Natürlich bildet auch die Kunst ihre Standards aus. Dies gilt sogar für die Moderne, die ebenso wie frühere Epochen der Kunstentwicklung ihre Routinen und Übereinkünfte hat. Zu diesen Routinen gehört vor allem eine, die nur auf den ersten Blick zu Selbstwidersprüchen führt. Diese Routine besteht darin, Routinen zu brechen (vgl. Lüddemann 2009c), Überraschung und Überrumpelung als kurzzeitiges Phänomen auf Dauer zu stellen. Damit ist ein zentrales Bewegungsgesetz der künstlerischen Moderne gekennzeichnet. Es besagt, dass in der Kunst die Möglichkeiten der Infragestellung und des intendierten Widerspruchs nicht nur bis zum äußersten Punkt gesteigert, sondern als zentrale Aufgabe des ganzen Kunstsystems in den Vordergrund gerückt werden. Kunst steigert damit, was auch Kultur auszeichnet: Die ständige Überprüfung und Revision gültiger Artikulationsformen und der mit ihnen formulierten Themen, die Umwälzung existierender Standards, überhaupt Kritik und Selbstbefragung. Kunst ist somit in hohem Maß reflexiv angelegt. Sie ist dies in einem noch höheren Maß als die Kultur. Kunst darf so als Experimentierfeld und Labor der Kultur verstanden werden. Denn sie unternimmt, was der Kultur entspricht, was diese selbst mit Rücksicht auf ihre anderen Aufgaben aber nicht mit gleicher Rücksichtslosigkeit unternehmen darf: Sie zerstört Konvention und Übereinkunft. Der Kultur muss an genau den Standards gelegen sein, an die sich die Kunst auf keinen Fall halten will. Vor allem die im Sinn der Zivilisation verstandene Kultur muss genau die Regelwerke ausbilden, die wegen ihrer Alltagstauglichkeit und Gangbarkeit für die Kunst immer nur Ziel ihrer Angriffe sein können. Die Konfliktbereitschaft der Kunst rührt von ihrem primären Entstehungskontext her. Trotz all der gegensätzlichen Definitionen und Ausformungen dieser Rolle – Kunst verdankt sich meist dem als Urheber verstandenen Künstler. Sie ist deshalb zunächst ein Phänomen der dezidierten Subjektivität und steht damit im Konflikt mit der Kultur, die in jedem Fall die Sache der Gemeinschaft sei muss. Dabei muss und darf es natürlich nicht bleiben. Denn Kunst erfüllt sich erst dann, wenn sie zur Angelegenheit einer Gemeinschaft wird. Dies geschieht, wenn Kunst präsentiert, gehandelt und vor allem diskutiert wird. Gerade die Kommunikation spielt in diesem Kontext eine zentrale Rolle. Kunst bedarf einer kommunikativen Rückkopplung, um Wirkung zu entfalten. Die Objekte, die als Kunst konzipiert und präsentiert werden, können dies erst dann sein, wenn ihr Kunststatus anerkannt wird. Dies ist nur möglich in den Institutionen und Regelkreisen eines Kunstsystems, das mit Museen, Galerien, Ausstellungen, Medien und anderem mehr wiederum in eine Kultur eingelassen ist und von deren Funktionsweisen mit bestimmt wird. An dieser Stelle kommt ein entscheidender Transfer zustande. Es ist der Transfer von der Provokation zum Standard, der Übergang von der Zumutung zur Akzeptanz. Kunst mag die Provokation der Übereinkunft auf Dauer gestellt haben – zugleich strebt sie doch die Aufnahme in einen Kanon an, der sich im Museum konkretisiert und als solcher Bestandteil der Kultur ist.

Das Verhältnis von Kultur und Kunst ist entsprechend besonders spannungsvoll. Dabei gehört zum Widerspruch als geheimes Gegenstück eine parallel ausgebildete Struktur, die deutlich macht, wie sehr Kultur und Kunst aufeinander angewiesen sind und – unter den Bedingungen spannungsvoller Koexistenz – doch in die gleiche Richtung arbeiten. Diese Entsprechung zeigt sich an der systemischen Aufstellung und Binnenstruktur, die Kultur und Kunst miteinander teilen. Kunst besteht nicht allein aus einem Ensemble von Objekten, Kunst verwirklicht sich vor allem in einem arbeitsteiligen Betriebssystem (vgl. Lüddemann 2007: 26ff.), das neben den Objekten vor allem Präsentationsorte, Erfahrungsformen, Diskursforen und anderes mehr umfasst. Das System der Kunst besteht aus Objekten, aber vor allem insbesondere auch aus Institutionen, Kommunikationsprozeduren, Wahrnehmungsformen und sozialen Praktiken, die sich miteinander verschränken und den gesellschaftlichen Ort der Kunst immer wieder neu justieren. Dieser Ort ist allemal heikel konstituiert: Kunst ist als Ensemble akzeptiert, stört jedoch mit einzelnen ihrer Ausprägungen den sozialen Konsens. Als Labor der Kultur soll sie dies sogar. Diese Aufgabe kann jedoch nur erfüllt werden, wenn vielfältige Rückkopplungen ausgeprägt sind, in denen die Zumutungen der Kunst kommunikativ bearbeitet, mit kulturellen Beständen abgeglichen und so im Verlauf einer Prozedur als akzeptabel erkannt und in den Kulturbestand integriert werden. Viele kulturelle Standards haben als Provokationen begonnen, welche die Kunst in die Welt setzte. Über die Komponenten ihres Betriebssystems ist Kunst hingegen so mit der Kultur vernetzt, dass ein Transfer aussichtsreich erscheint, der sich aus der Sicht der Kultur als Erneuerungsvorgang darstellt. Sie integriert die Störungen, die von der Kunst ausgehen und formt sie zu neuen Standards um. Zugleich wartet Kultur auf die nächsten Irritationen, die Kunst inszeniert. Zu der geheimen Interaktion zwischen Kultur und Kunst gehört deshalb die Fähigkeit der Kultur, mit Negationen ihrer eigenen Standards produktiv umzugehen, sie zunächst als solche zu erkennen und dann ihre allmähliche Integration in Gang zu setzen. Kultur kann dies, weil ihre interne Struktur derjenigen des Betriebssystems der Kunst ähnelt. Auch die Kultur kennt den Kreislauf, der sich zwischen Objekten und Orten, Diskursen und Praktiken entfaltet und der letztlich kein anderes Ziel hat, Themen in unterschiedlichen Aggregatzuständen repräsentieren und kommunikativ so bearbeiten zu können, dass sie erfahren und gelernt werden können. In diesem Punkt treffen sich Kunst und Kultur: Sie sind beide komplexe und effiziente Maschinen der Bedeutungsproduktion und Sinnverarbeitung. Der Kunst ist dabei eine höhere Umlaufgeschwindigkeit gestattet – erhebliche Unwucht im Rundlauf ihrer Operationen inbegriffen. Kunst soll – und sollte – so arbeiten, damit sie der Kultur immer wieder bei deren eigener Erneuerung helfen kann.

3.5 Kultur und Kritik

Als „normativ aufgeladener Reflexionsmodus" (Bollenbeck 2007: 10) scheint Kulturkritik inzwischen aus der Mode gekommen zu sein. Die aufgeregte Besorgtheit um eine Gegenwart, die in den Augen der Kulturkritik immer nur von Verfall, Verlust und Verkommenheit geprägt sein kann, wirkt allein schon als intellektuelle Tonlage veraltet. Auch wenn der drängende Alarmismus der klassischen Kulturkritik in manch aufgeregter Zeitdiagnose wenigstens noch sein Gegenstück findet, so verträgt sich das Gesamtphänomen doch nicht mit einem Kulturbegriff, der heute vor allem eines zu sein hat – grenzenlos offen. Als Gesamtheit der Hervorbringungen des Menschen kommt Kultur dort in den Blick, wo es darum geht, sie politisch zu unterstützen und zu verwirklichen (vgl. Deutscher Bundestag 2008: 57ff.). Der im politischen Diskurs gepflegte Kulturbegriff kann leicht als völlig konturlos kritisiert werden. Mit seiner deutlichen Distanzierung von Hochkultur und Expertentum verschwimmt dieser Begriff in der Tat zu einem Passepartout, das mit jeder realen Anforderung kompatibel erscheint und von der experimentellen Musikavantgarde bis zum Stadtteilfest alles meinen kann. Das macht diesen Kulturbegriff ebenso politisch nützlich wie analytisch wertlos. Immerhin impliziert dieser politische Begriff die Einsicht in die Geschichtlichkeit der Kultur selbst, in ihre Wandlungen und Verwandlungen. Solches Wissen hemmt jene fundamentalistische Entschlossenheit, die immer den Furor der wahren Kulturkritik ausgemacht hat. Mag sie auch ihre Gestalt ebenso wie ihre Argumente verändert haben – geblieben ist ihr der Gestus der unwiderleglichen Dringlichkeit, die Schärfe der zeitkritischen Diagnose, die Ausschließlichkeit ihres Urteils und das Oszillieren zwischen philosophischer Reflexion und journalistisch anmutendem Engagement. Das Phänomen der Kulturkritik nimmt sich aus wie die Gegenstände, über die sie urteilt: Sie ist ein Mischling der Denkstile und Disziplinen, späte Erscheinung einer immer komplexer, also immer weniger fundamental werdenden Kultur, kurzum, sie ist selbst ein abgeleitetes und damit durch und durch hybrides Wesen.

Die Geschichte der Kulturkritik reicht von Rousseaus Kritik an angeblichem Sittenverfall bis zu Botho Strauß' „Anschwellendem Bocksgesang", sie erstreckt sich von Simmels „Tragödie der Kultur" bis zu Oswald Spenglers „Untergang des Abendlandes", umgreift Freuds „Unbehagen in der Kultur" ebenso gut wie das Verdikt, das die Frankfurter Schule über die „Kulturindustrie" verhängt hat (vgl. Bollenbeck 2007: 7). Die Auflistung versammelt nicht nur einige inzwischen klassisch gewordene Positionen der Kulturkritik, sie macht auch beinahe nebenbei deutlich, wozu diese Form der Auseinandersetzung stets tendierte: zum Schlagwort, zur Parole, zur knappen Formel, die ein großes Verhängnis auf den kurzen Begriff bringt. Nicht umsonst hat die Kulturkritik so viele Buchtitel hervorgebracht, die als geflügelte Worte ihre eigene Karriere im kollektiven Gedächtnis angetreten haben und für diesen Flug durch die mediale Welt nicht mehr des gesamten, durch sie bezeichneten Textes als Treibsatz bedurften. Die Kulturkritik zielte immer auf das Ganze und behauptete dafür, dass alles mit allem zusammenhängt – zumindest im Kontext ihrer eigenen Diagnosen.

Ob die Kulturkritik mit ihrem Objekt dessen eigene Verblendung teilt (vgl. Adorno 2008: 191), kann durchaus zweifelhaft erscheinen. Dieser ihrerseits kulturkritisch inspirierten Diagnose lässt sich der Verdacht entgegen halten, dass die Kultur der sie begleitenden Kulturkritik immer wenigstens einen Schritt voraus gewesen ist. Schließlich beklagt diese Form der Kritik stets, dass die Kultur so ist, wie sie eigentlich nicht sollte: Kultur ist in den Augen der Kulturkritik immer zu flexibel und schnell, um noch viel auf alte Werte geben zu können, zu unübersichtlich, um

3.5 Kultur und Kritik

jedem verlässliche Orientierung zu bieten, und zu aufnahmebereit, um eindeutig identifizierbar zu sein. Kulturkritik sperrt sich gegen die Entwicklung, die sie beklagt – und beschleunigt sie, weil sie allein mit ihren vielen Wortmeldungen zu genau der Unsicherheit und Unübersichtlichkeit beiträgt, von deren Diagnose sie ihren Ausgang nimmt. Kulturkritik ist damit ebenso paradox wie ihr Gegenstand, ebenso heikel konstruiert wie das, was sie ins Visier nimmt. Schließlich lebt sie von einer Fiktion, die von der Entwicklung der Kultur längst als unhaltbar entlarvt worden ist – derjenigen von einem erhöhten Beobachterstandpunkt, von dem aus sich nicht nur das kulturelle Geschehen vollkommen überblicken, sondern auch noch, gleichsam von außen, beurteilen ließe. „Jede Weltbeobachtung findet in der Welt statt (…) Die Gesellschaftskritik ist Teil des kritisierten Systems" (Luhmann 1998: 1118). Unter diesen Bedingungen kann die Kulturkritik keinesfalls „bessere Moral und bessere Einsicht" (ebd.) für sich reklamieren. Genau das hat Kulturkritik nicht nur immer wieder getan. Die damit verbundene Endgültigkeit verlieh ihren Diagnosen auch stets die für diesen Typus der intellektuellen Äußerung typische Wucht.

Kulturkritik steht für den verzweifelten Versuch, inmitten der für Kultur unvermeidlichen Komplexität noch so etwas wie Übersicht und Klarheit der Kriterien zu bewahren. Sie vereinfacht, wo es nichts mehr zu vereinfachen gibt. Und sie artikuliert die Skepsis gegenüber einer Dynamik, die genau jene komplexe Kultur kennzeichnet, die auch die Kulturkritik selbst als eines der für sie typischen Phänomene mit hervorgebracht hat. Als „unvermeidlicher Begleitdiskurs" (Schnädelbach 1996: 313) existiert die Kulturkritik seit der Zeit, in der sich Kultur reflexiv aufgestellt und zugleich mit Instanzen der Selbstbeobachtung ausgestattet hat. Kultur selbst umfasst jenen zur Instanz geronnenen Modus der Selbstbeobachtung, der als Kulturkritik firmierte. An diesem Punkt ist unbedingt in der Vergangenheitsform zu sprechen. Schließlich hat sich die autoritäre Geste der Kulturkritik ebenso überlebt wie ihr Bezug auf ein Kulturideal, das mit der beobachtbaren Wirklichkeit immer wieder in Widerstreit lag. Das gilt auch für ihre prominenten Vertreter – etwa jenen der „Kulturindustrie", mit dem Horkheimer und Adorno seinerzeit ihren vehementen Einspruch gegen eine verdinglichte Massenkultur in Stellung brachten (Horkheimer/Adorno 1971: 108ff.). In der Warenform der Kulturprodukte erkannten sie den durchgehenden Herrschaftscharakter eines kapitalistischen Systems, das sich mit der Kultur auch einen jener Bereiche unterworfen hatte, der Kritik an den Verdinglichungen jener Struktur hätte artikulieren müssen. Hinter solcher Kritik schien das Ideal einer unverfügbaren, weil nicht leicht zu konsumierenden Kunst auf – und die Erkenntnis einer Gesellschaftsanalyse, die genau jenes Wissen bereitstellte, mit dem sich über den erreichten Stand der Kultur richten ließ. Deren Analyse entfiel.

In der Sicht jener paradigmatischen Position der Kulturkritik kamen die Potenziale einer anders gelagerten Kultur überhaupt nicht erst zum Zuge. Die Kritik als notorische Verspätung gegenüber dem Phänomen, auf das sie Bezug nimmt: In genau diesem Punkt liegt die unvermeidlich erscheinende Gefährdung einer Kritik, die Möglichkeiten ihres Gegenstandes unterschätzen oder negieren muss, um doch noch Recht behalten zu können. Ob es auf diesem Hintergrund möglich ist, der Kulturkritik eine regelrechte Wiedergeburt zuzuerkennen (vgl. Konersmann 2008) mag fraglich erscheinen. Diese Option scheint nur dann auf, wenn Kulturkritik ihre Gestalt und ihre Verfahrensweisen so weit verändert, dass der Begriff nicht mehr trifft. Kulturkritik als eine Reflexion, die den „Dissens im Inneren der Kultur selbst" (ebd.: 13) sucht – diese Operationsweise ist der Kultur im Status ihrer immer weiter sich steigernden Komplexität angemessen. Dem Schema der Kulturkritik entspricht dies nicht mehr, vor allem dann nicht, wenn sich eine solche Kritik in unzählig vielen Masken zeigt und sich so im Getriebe der Kultur selbst ganz verflüchtigt. Allerdings hat es den Anschein, als hätte die Kulturkritik alten Stils ihre zeitgemäßen Nachfolger gefunden. Sie finden sich in Analysen des Feuilletons wie im Kabarett, in Internetforen wie in allen anderen Aggregatzuständen eines Kommentars, der kulturelle Erscheinungen kurz aufgreift, um sie auf ihre Implikationen und Wertigkeiten hin abzuklopfen. Diese Form der Kritik ist wirklich soweit in das kulturelle Getriebe eingelassen, dass sie sich kaum noch als eigenständige Institution fassen lässt. Diese Kritik weiß nicht grundsätzlich alles besser, sie kommt ohne festes Weltbild im Hintergrund und ohne das Getöse ihrer einstigen Wortmeldungen aus. Von der großen Kulturkritik scheint einstweilen nur etwas übrig geblieben zu sein, dass mehr eine Prozedur als eine Instanz ist. Statt der großen Marksteine, welche die Kulturkritik einst setzte, gibt es nun das Fluidum einer unablässig mitlaufenden Bewertung, die alles, was ihr begegnet, kurz prüft, um es dann wieder los zu lassen. Solche Kritik mag keine großen Änderungen mehr im Sinn haben. Dafür bleibt sie beweglich genug, um Kulturphänomene wirklich in den Blick bekommen zu können. Das begrenzt – und entlastet von all den Fundamentalismen, welche die Kulturkritik von einst immer als unübersehbare Einschüchterungsgesten mit sich führte.

3.6 Kultur und Kulturen

Von Kultur im Singular oder im Plural zu sprechen, scheint auf den ersten Blick nichts anderes als eine grammatikalische Frage zu sein. Und doch verändert sich alles, je nachdem, ob man von Kultur oder Kulturen spricht. Die *eine* Kultur

3.6 Kultur und Kulturen

führt die Vorstellung einer Norm mit sich – oder die Vision von einer Kultur für alle, einer im globalen Maßstab einigenden Instanz. Die *vielen* Kulturen künden von einer Welt der Heterogenität, einer Pluralität, die nicht übersteigbar zu sein scheint – oder die zum Gegenstand der Zuwendung, gar des Schutzes werden kann. Kulturen werden dann betrachtet wie Biotope: Sie sind einzigartig, systemisch gefügt und verdienen ihres bloßen Daseins wegen allen Schutz. Aber auch diese Vorstellung lässt sich noch weiter auffächern. Schließlich geht sie davon aus, dass Kulturen bei all ihrer Pluralität jeweils Einheiten sind, die wie Individuen nebeneinander existieren, ebenso identifizierbar wie unverbunden. Gegen diese Sichtweise ließe sich einwenden, dass auch eine einzelne Kultur in sich gespalten ist. „Kulturen sind niemals in sich einheitlich und sie sind nie einfach dualistisch in ihrer Beziehung des Selbst zum Anderen" (Bhabha 2000: 54). Damit wäre dann nicht nur die einfache Entgegensetzung von Kultur und Kulturen aufgehoben. Die Pluralität der Kulturen würde sich im Inneren einer jeden Kultur im Sinn einer endlosen Binnendifferenzierung fortsetzen.

Das Gefühl für die Überlegenheit der eigenen Kultur gehört nicht zuletzt in die europäische Tradition. Sie bildete die Grundlage für die Aktivitäten einer Kolonisierung vieler Länder und Völker in allen Weltgegenden, die ihre Legitimation auch immer aus einer unterstellten kulturellen Überlegenheit bezog. Die Rede von so genannten „primitiven" Völkern (vgl. Kohl 2000: 20f.) unterstreicht diesen Impetus, dem gerade die seit dem 18. Jahrhundert immer vielschichtiger werdende eigene kulturelle Wirklichkeit den Boden hätte entziehen müssen. Schließlich verändert die Reflexivität einer Kultur auch ihre Einschätzung von sich selbst. Mit der wachsenden Zahl von Kulturvergleichen schwand auch das sichere Gefühl eigener kultureller Überlegenheit (vgl. Luhmann 1998: 958). Mit der Einübung eines verfremdeten Blicks auf die eigene Kultur kamen zugleich Fehler, Schwächen und Unzulänglichkeiten in den Blick. Die eigene Kultur erschien als permanentes Objekt der Reform, aber nicht länger als perfekt gefügtes Gebilde, das keiner Revision mehr bedarf. Zugleich musste sich damit die Einschätzung der anderen Kulturen verändern.

Aber erst im 20. Jahrhundert und unter dem Eindruck ethnologischer Forschungsergebnisse wurde klar, was Claude Lévi-Strauss zu der Einsicht brachte, dass es keine kindlichen Völker gibt. „Alle sind erwachsen, auch diejenigen, die keine Chronik ihrer Kindheit und Jugend verfasst haben" (Lévi-Strauss 1996: 184). Mit dieser Feststellung sind gleich zwei Klischees vergleichender Kulturbetrachtung revidiert. Das eine Klischee besagt, dass die so genannten „primitiven" Kulturen wenigstens einen Vorteil haben: Sie erlauben es Vertretern vermeintlich höher stehender Kulturen, gleichsam in der menschlichen Entwicklungsgeschichte zurück zu reisen und einen Zustand zu erleben, der als rein und unverdorben gelten darf und deshalb Heilung von eigenen zivilisatorischen Verformungen verspricht. Das andere Klischee handelt von der Vorstellung, dass nur schriftlich verfassten Kulturen ein avancierter Entwicklungsstand zuzuerkennen ist. Diese Haltung bindet Kultur an ein Medium. Dagegen brachten Ethnologen zu Tage, dass alle Kulturen auf langen Entwicklungsgeschichten aufruhen und komplex strukturiert sind. Damit zerschlug sich allerdings auch die Hoffnung, die Künstler wie etwa Paul Gauguin in die Südsee gezogen hatte – es ließe sich in anderen Weltgegenden ein verlorenes Paradies finden, in dem die Komplexität europäischer Zivilisation auf ein einfaches und vermeintlich der Natur nahes Leben wieder zurückgeführt werden könnte. Diese Hoffnung ist heute als Topos einer bestimmten, selbst kulturell bedingten Haltung in die Geschichte der eigenen, nämlich europäischen Kulturgeschichte eingegangen. Es steht außer Frage, dass solche Hoffnung heute vollkommen gegenstandslos geworden ist. Die Suche nach dem Paradies bei anderen, fernen Kulturen ist zum Klischee der Tourismuswerbung abgesunken.

In der Gegenwart wird die Frage nach Kultur und Kulturen endgültig von einer ebenso spannenden wie gefahrvollen Antinomie beherrscht. Spätestens seit dem Zeitalter der Postmoderne ist nicht nur die Erfahrung einer unübersehbaren Pluralität zum Normalfall geworden (vgl. Schnädelbach 1994: 510). Zugleich rückt mit der westlichen als einer potenziell universalen Kultur (vgl. Eagleton 2001: 104) auch die Gefahr einer Weltkultur als Normierung und Uniformierung in den Bereich des Möglichen. Beide Varianten der Sicht auf Kultur und Kulturen stehen nicht einfach nebeneinander, sondern durchdringen sich. So werden viele Kulturen aus der Sicht einer hegemonialen, sich als universal verstehenden Kultur unversehens zum drängenden Problem. Das Schlagwort vom „Kampf der Kulturen" (Huntington 2002) meint nichts anderes als ein Szenario der Konfrontation, das sich aus der Sicht einer Kultur ergibt, die weltweit operiert und ein Interesse daran hat, das eigene Modell mit seinen Wertsetzungen auch im Interesse machtpolitischer Expansion und ökonomischer Einflussnahme zu globalisieren. Huntingtons inzwischen selbst zum Schlagwort gewordene Kulturanalyse erkennt die Verschiedenheit der Kulturen an – aber nur, um in ihr ein Problem zu sehen, dass notfalls nach militärischer Intervention verlangt. Kulturen sind in dieser Sicht monolithische Blöcke mit der Tendenz zu gegenseitiger Abschließung und konfrontativer Selbstbehauptung. Eine Chance zu wirklicher Verständigung gibt es demnach nicht. Kulturen bleiben was sie eigentlich sind – vor allem im Sinn eines Gefahrenpotenzials für andere Kulturen. Huntingtons Sicht auf Kultur fokussiert allerdings religiöse Fundamentalismen und weniger die Fähigkeiten von Kulturen zu Dialog, Kontakt, Assimilation.

Dabei sind Kulturen keine Behälter, sondern Geflechte, keine schlichten Entitäten, sondern Komplexe, die ihre Zentren und Peripherien ebenso besitzen wie ihre Wissensbestände und kommunikativen Prozeduren. Sie sind deshalb fähig,

3.6 Kultur und Kulturen

miteinander in Austausch zu treten und Vergleiche anzustellen, die ebenso zu Befremdung wie zu Faszination führen können. In solchen Verhältnissen herrscht Dualität – wie diejenige zwischen der Einsicht, dass man der eigenen Herkunftskultur niemals ganz entkommen kann und der Tatsache, dass fremde Kulturen auf manche Fragen und Probleme einfach bessere Antworten gefunden haben, als dies der eigenen Kultur möglich war (vgl. Lévi-Strauss 2008: 446, 453). Kultur richtet eben den Blick stets auf sich selbst und auf andere Kulturen, auch um im Vergleich mit den Weltsichten, die andere Kulturen entwickelt haben, einen Maßstab eigener Problemlösungen und Repräsentationsweisen zu erhalten. Diese Sicht in andere Richtungen setzt voraus, dass man Kulturen nicht mehr unter dem Gesichtspunkt des linearen Fortschritts betrachtet (vgl. Daniel 2004b: 445), sondern ihre Gleichwertigkeit anerkennt. Alle Kulturen sind in gleicher Weise fortgeschritten: Dies anerkennen zu können, weist eine Kultur selbst als fortgeschritten und entwickelt aus. Kultur und Kulturen: Dieses Verhältnis meint in Wirklichkeit eine gegenseitige Bezogenheit. „Ohne Vielheit keine Einheit, ohne Andersart keine Eigenart" (Assmann 2007: 135f.).

Dieses Resultat von Beobachtungen, die sich nach außen gerichtet haben, kann jedoch auch für mit dem Blick auf die eigene Kultur erzielt werden. Denn auch die eigene Kultur bietet keinen sicheren Standpunkt der Beobachtung anderer Kulturen. Diese Diversität findet sich längst auch in jeder einzelnen Kultur selbst. Sie zerfällt in Segmente und Lebenswelten, in Modi der Erfahrung und Weisen medialer Welterzeugung. Den inneren Zusammenhalt derart je nach Lesart flexibler oder labiler Konstrukte garantieren neben einigen Basiswerten vor allem die Routinen der Übersetzung, die es erlaubt, unterschiedliche Aggregatzustände der eigenen Kultur miteinander abzugleichen und so zu einer Balance zu gelangen, die jedoch ständiger Nachjustierung bedarf. Dieser Status von „riskanten Verbindungen" (Konersmann 1996b: 328) gilt auch für die Pluralität, die sich nicht allein in der eigenen Kultur, sondern vor allem auch im Set der weltweit vorhandenen Kulturen beobachten lässt. Vor allem im Zeitalter einer turbulent verlaufenden Globalisierung rückt mit der verwirrenden Vielfalt der Kulturen auch die Frage nach ihrem Fortbestand nahe. Dass Kultur eigentlich niemals einfach so existiert, sondern sich immer nur in Gestalt sehr unterschiedlicher Kulturen, also in vielfältig ausdifferenzierten Verwirklichungen anschauen lässt (vgl. Schnädelbach 1996: 310), ist nur ein schwacher Trost angesichts der Geschwindigkeit, mit der auf der anderen Seite Standardisierungen einer westlich geprägten Massen- und Konsumkultur immer neue Länder und Kulturen erfassen und neu zu prägen beginnen. Der Idee der Kultur widerspricht jede Vorstellung einer Einebnung von Differenzen. Mit ihnen würden auch Wissensbestände und Sichtweisen verloren gehen, die unersetzlich sind. Dennoch kann Kultur bei aller aufmerksamen Hinwendung zu ihren jeweiligen

Eigenheiten kein Gegenstand einer Bewahrung sein, die sich als konservierende Abschließung versteht. Dafür sind Kulturen einfach viel zu sehr lebende Gebilde, die nicht nur den Austausch benötigen, um weiter existieren zu können, sondern im Fluss dieser Kontakte auch unweigerlich Veränderungsprozesse durchlaufen. In Kulturen verwirklicht und bewahrt sich am Ende Kultur, die es eigentlich immer nur im Plural gibt (vgl. Nassehi 2008: 146): Auch auf diese Formel lässt sich dieses ebenso spannungsreiche wie inspirierende Verhältnis bringen.

3.7 Fazit 3: Kultur als offener Prozess

Mit dem Durchgang durch die Abschnitte dieses Kapitels ist ein Glossar entworfen worden, dass vor allem eines darstellt – die diskursive Umgebung des Begriffes „Kultur". Dieser Begriff steht zu den anderen Termini des Glossars in sehr unterschiedlichen Verhältnissen. Neben größtmöglichem Kontrast (Kultur und Natur) kommen Verhältnisse der Konkurrenz (Kultur und Zivilisation), der spannungsreichen Koalition (Kultur und Kunst), der Ergänzung (Kultur und Bildung) sowie der internen Auffächerung (Kultur und Kulturen) in den Blick. Diese Verhältnisse sind in sich nicht einseitig, sondern gegenläufig zu verstehen und insofern jeweils spannungsreich. Sie zeigen vor allem, dass sich der Begriff „Kultur" selbst niemals nur aus sich heraus definieren, sondern immer nur über Kontrastbildungen sichtbar machen lässt. Dieses Ergebnis belegt, dass das Glossar mehr als nur einen heuristischen Wert hat. Natürlich geben die einzelnen Gegensatzpaare auch Gelegenheit, Motive, Themen und Topoi von Kultur und ihrer Genese zu diskutieren. Viel wichtiger ist jedoch der Umstand, dass der Kulturbegriff in das so entworfene kleine Diskursfeld flexibel eingelagert ist. Der Kulturbegriff bildet kein fragloses Zentrum, sondern stellt sich selbst als Bezugsfeld mit differenzierten Überlagerungen dar. Aus der Zusammenschau der Begriffspaarungen ergibt sich der aufschlussreiche Befund einer Bedeutungsdrift, die auf der einen Seite definitorische Problemlagen offensichtlich werden lässt, auf der anderen Seite aber auch ein Potenzial aufzeigt, das selbst über alle Irritationen und Reibungen hinaus als produktiv im Sinn der Bedeutsamkeit einzuschätzen ist.

An diesem Punkt strahlt der Begriff der Kultur auf das zurück, was er bezeichnet: die Produktion von Bedeutungen, die selbst reflexiv verfasst ist. In der Entsprechung zu seinem Gegenstand kann auch der Begriff selbst nicht aus dem Spiel der Bedeutungen herausgelöst werden, das deshalb so produktiv ist, weil es nicht mit eindeutigen Zuordnungen, sondern mit vielfältigen Überlagerungen, gegenseitigen Spiegelungen und in sich verschränkten Rückbezügen arbeitet. Mit anderen

3.7 Fazit 3: Kultur als offener Prozess

Worten: Wort wie Gegenstand und dessen Operationen sind nicht als Bestand, sondern immer nur als ständig prozessierender Operationsmodus angemessen verstanden. Deshalb ist es konsequent, dass es den Begriff „Kultur" niemals als schlichte Definition, sondern immer nur als Prozess in Aktion geben kann, der sich nicht einfach von außen anschauen, sondern nur – gleichsam im Geschehen – mit vollziehen lässt. Kulturbeschreibung ist deren eigene Fortschreibung: In diese Pointe der Rückbezüglichkeit mündet der Erkenntnisgewinn, der sich mit dem Glossar der Unterscheidungen ergeben haben sollte. Von dieser Seite aus ist dann auch klar, warum es um Unterscheidungen, nicht aber um Grenzziehungen gehen muss. Der Kulturbegriff verwirklicht sich in temporären Koalitionen mit anderen Begriffen und den mit ihnen verbundenen Vorstellungskomplexen. In diesen Situationen verwirklicht sich immer eine doppelte Operation. Es geht im gleichen Moment um Bezug wie um Abgrenzung, um Koalitionen und Gegnerschaften.

Derart widerspruchsvolle Verhältnisse erlauben es der Kultur und ihrem Begriff, sich in unterschiedlichen Aggregatzuständen zu verwirklichen und jeweils ganz andere Leistungen zu erbringen. Dabei richtet sich der Blick im gleichen Augenblick vom Kulturbegriff weg auf die anderen verwandten Termini und wieder von diesen Begriffen auf das Wort „Kultur" zurück. Definition und Bedeutungsumfang von „Kultur" verwandeln sich dabei ständig und zwar im Sinn der Fluktuation wie der Anreicherung. Diese Konstellation ist nicht nur im Sinn der Gleichzeitigkeit, sondern auch im Nacheinander der Geschichtlichkeit zu verstehen. Schließlich waren die behandelten Bezugsbegriffe nicht in jedem Zeitabschnitt gleich relevant für die nähere Bestimmung dessen, was unter „Kultur" verstanden werden soll. In dem entworfenen Diskursfeld spiegelt sich auch etwas von der Genese von Begriff und Gegenstand der Kultur. Während etwa der Gegensatz von Kultur und Natur am Anfang der Begriffsgeschichte steht, entwickelt das Nebeneinander von Kultur und Zivilisation erst deutlich später seine Relevanz, während das reibungsvolle Miteinander von Kultur und Kunst gerade in der Moderne seine volle Schubkraft entfaltet hat. Diesem Nacheinander entspricht insofern ein Miteinander, als sich die Begriffspaare nicht einfach nur sukzessiv, sondern gerade auch nebeneinander entfaltet haben. Daraus haben sich Bedeutungsanreicherungen ergeben, die für Kultur und ihren Begriff bezeichnend sind. Ohne interne Turbulenz und eine stets offene Zukunft ist weder das eine noch das andere zu haben. Insofern ist auch davon auszugehen, dass es nicht bei den aufgeführten Begriffspaaren bleiben wird. Das diskursive Feld der Termini ist in Bewegung – wie die Gegenstände, die sie so vieldeutig bezeichnen.

Formate der Kultur 4

4.1 Das Format als kompakte Konkretisierung

Kultur ist ein Gefüge aus Bedeutungskomplexen. So war der Gegenstand dieses Buches einleitend definiert worden. Diese Bestimmung versperrt den bequemen Weg, den landläufige Verständnisse von Kultur einschlagen. Diese beziehen sich, wenn sie Kultur meinen, auf die Gesamtheit von Institutionen von Theatern, Konzerthäusern und Museen oder beziehen sich auf den Bereich der schönen Künste, welche die Zeit außerhalb der Arbeit und der Alltagspflichten verschönern. Schließlich wird von Kultur gesprochen, wenn die Zivilisationen ferner Völker gemeint sind – oder eine Lebensart, die in irgendeiner Weise als herausgehoben betrachtet und entsprechend gewürdigt werden soll. Kultur als Institution oder Exzeption, als Ritual oder Verzierung: In all diesen Verständnissen des Wortes sind Bedeutungen mit gemeint, die Kultur unter anderen ausmachen. Zugleich scheitern diese und andere landläufige Verständnisse daran, dass sie mit Verallgemeinerungen oder einschränkenden Bestimmungen Kultur missverstehen.

Die Bestimmung von Kultur als Bedeutung zielt auf das, was sich hinter Institutionen oder Artefakten, Ritualen oder Objekten befindet – auf Themen und mit ihnen verbundene Wissensbestände, in denen sedimentierte Erfahrungsbestände in der Form von erfolgreichen Problemlösungen aufbewahrt sind (vgl. Schmidt 2003b: 44). In diesem Kontext ließe sich Sinn als „dauerhafte Erfahrung des Erfolgs funktionierender Kulturprogramme" (ebd.: 39) definieren, wenngleich eine solche Bestimmung Sinn um Dimensionen der sinnlichen Erfahrbarkeit und narrativen Kontinuitätsbildung verkürzt, die gerade für diese zentrale Leistungsdimension von Kultur unersetzlich sind. Es bleibt jedoch dabei: Kultur ist eigentlich ein abstraktes Programm, das wie ein Speicher und Prozessor einer Gesellschaft zugleich wirkt, also im gleichen Moment archivierende wie entwickelnde Funktion hat. Dieser Bereich besteht aus Zusammenhängen, die ebenso abstrakt konstruiert wie konkret wirksam sind. Als „Deutungsmuster" (Bollenbeck 1996: 157) lenken sie Wahrnehmung, leiten Interpretationen von Erfahrungen an und motivieren Verhalten (vgl. ebd.). Auf diese Weise strukturieren kulturelle Bestände das gesamte Wirklichkeitsbild von Gesellschaften und Individuen. Als Konglomerat aus Wissen und Erfahrung, Anschauung und Verstehen ist Kultur denkbar komplex strukturiert – und zwar so, dass auch Gegenläufigkeiten in einem Set der Sinnoptionen miteinander kombiniert sind. Dabei ist die grundsätzliche Qualität von Kultur, in jedem Augenblick auch immer selbstbezügliche Interpretationsaktivität zu sein, in dieser Sicht noch nicht einmal mit berücksichtigt. Probleme bereiten nicht allein diese Strukturmerkmale von Kultur. Eine fundamentale Hürde zu ihrem Verständnis besteht darin, dass sie niemals direkt angeschaut, sondern immer nur über Gestaltungen erschlossen werden kann. Das Gewebe der Kultur ist ein Phänomen des Hintergrunds. Im Vordergrund finden sich Konkretisierungen all der Bestände, die Kultur eigentlich ausmachen. Dass Kultur als Gesamtheit etwas Unpersönliches ist, das sich in einer Fülle von Gestaltungen „krystallisierten, unpersönlich gewordenen Geistes" (Simmel 2006: 40) verwirklicht, wird immer dann besonders deutlich, wenn kulturelle Umbrüche zu bewältigen sind und die mit ihnen einher gehenden Erscheinungen analytisch erschlossen werden müssen. Dabei kommt es zu krisenhaften Erfahrungen. „Dem Überwuchern der objektiven Kultur ist das Individuum weniger und weniger gewachsen" (ebd.: 39), lautete Georg Simmels Diagnose des Lebens in Großstädten und der mit ihnen verbundenen Kulturformen. Auch wenn Simmel dabei seine bereits weiter oben diskutierte Analyse der „Tragödie der Kultur" wiederholte – es bleibt das Dokument einer Erfahrung, die als Anprall des Neuen erlebt wird, als grundsätzliche Überforderung der gewohnten Erfahrungsformen und Verstehensleistungen. Dabei kann Kultur in ihren Objektivationen nicht nur als verunsicherndes Gegenüber wahrgenommen werden. Ihre Übermacht bietet im Gegensatz dazu auch Möglichkeiten der Zuflucht. Das Individuum versteckt sich in den großen Darbietungen der Kultur, es nutzt den Schirm des großen Sinnkonstrukts, um bedrückender Sinnleere zu entfliehen oder gar Surrogate für das im eigenen Leben nicht verwirklichte Glück zu finden. Revuetheater als Blendwerk einer neu empor schießenden Konsumkultur, Varietés und Unterhaltungspaläste als Zufluchtsorte, Illusionsmaschinen, Gefühlskraftwerke: Siegfried Kracauer erkannte Ende der zwanziger Jahre in den Stätten der Unterhaltungskultur die Kristallisationspunkte einer neuen gesellschaftlichen Schicht und ihrer kollektiven Sehnsüchte (vgl. Kracauer 1971: 92ff.).

In diesem Kontext stellt sich zunächst nicht einmal vordringlich die Frage, ob das Entertainment der Massen „nicht zur Besinnung auf die Wurzeln echter Kultur und damit zur Kritik an den Zuständen" (ebd.: 92) führt. Bevor Kulturerscheinungen Kritik herausfordern, stellen sie zuvor die Aufgabe, als Verwirklichungen kultureller Konfigurationen untersucht und verstanden zu werden. Auch wenn in den Tanzpa-

4.1 Das Format als kompakte Konkretisierung

lästen der so genannten Goldenen Zwanziger alles glitzerte und blinkte – ebenso wie andere Kulturformen waren auch sie niemals nur bloße Oberfläche, sondern stets durchsichtig für die Tiefenphänomene, die immer hinter dem Bühnenspektakel liegen. Kultur erkennt man an ihren Oberflächenphänomenen: Diese Einsicht ist auch heute mit Vorläufern und Klassikern der Kulturanalyse von Siegfried Kracauer bis Roland Barthes oder Clifford Geertz zu teilen. Sie verweist darauf, dass Kultur zwar eine Formation abstrakter Bestände ist, zugleich aber der konkreten Verwirklichungsformen bedarf, um fassbar zu sein. Dieses Verhältnis darf jedoch nicht im Sinn des dualistischen Verhältnisses zwischen einer Tiefenstruktur und Oberflächenerscheinungen missverstanden werden. Auch wenn zwischen diesen beiden Polen eine Differenz ausgemacht werden kann, so gilt doch zugleich, dass Kultur immer beides ist: Wissen und Darbietung, Struktur und Performanz. Die Struktur der Bedeutungskomplexe, als die wir Kultur definiert haben, existiert ja ohnehin nicht unabhängig, sondern verdankt sich Interpretationsleistungen, die bei konkreten Phänomenen angesetzt haben. Kultur existiert eben niemals nur als solche, sondern überhaupt immer nur in verschiedenen Kulturen (vgl. Schnädelbach 1996: 310) und damit in Verwirklichungsformen, die in sich bedeutungshaltig sind. Jede konkrete Erscheinung von Kultur ist in dieser Sicht das Ganze der Kultur – als kompaktes Phänomen, das Themen mit medialen Darbietungsweisen, Rezeptionsangeboten und weiteren Vermittlungsformen kombiniert.

Genau diese Ebene der Kultur soll nun näher in den Blick genommen werden. Leitender Aspekt ist dabei die Einsicht, dass Kultur konkreter Ausformungen bedarf, um in Erscheinung treten, aber vor allem auch erlebbar und lernbar gemacht werden zu können. In der Kopplung von Erscheinung und Bedeutung, Medium und Sinn entsteht überhaupt erst die durchschlagende Wirkung von Kultur als einer Wirklichkeit nicht nur umformenden, sondern überhaupt erst erzeugenden Kraft. Die konkreten Erscheinungen von Kultur werden hier als ihre Formate bezeichnet. Dies folgt einer Verwendungsweise des Wortes, in der etwa auch von Medienformaten die Rede ist. Medienformate meinen gleichfalls die spezifische Verbindung von bestimmten Inhalten und ihren Darbietungsweisen. Das Resultat ist eine wahrnehmbare Einheit des medialen und weiterhin des kulturellen Lebens – eine Einheit, die rezipiert, erlebt und selbst wiederum zum Gegenstand von Kommunikation und damit einer fortsetzenden kulturellen Bearbeitung gemacht werden kann. Die Sicht der Rezeption ist dabei nicht allein leitend. Kulturelle Formate werden nicht nur aufgenommen, sie werden auch hergestellt. Als Produkte intendierter Herstellung und damit verbundener Sinnvermittlungs- und Wirkungsoptionen sind Kulturformate Gegenstände einer Industrie oder auch des Kulturmanagements, das nicht nur Ressourcen im ökonomischen Sinn steuert, sondern auch Formate so herstellt, dass bestimmte Bedeutungsstrukturen entstehen können (vgl. Lüddemann 2008a).

Dabei dürfen kulturelle Formate nicht mit Kulturprodukten vorschnell identifiziert werden. Kulturelle Formate können Produkte im Sinn der intendierten Herstellung sein, sie müssen es aber nicht. Zwei Unterschiede trennen das Format vom Produkt. Formate verdanken ihre Existenz *erstens* einem langsamen Wachstum, das die Periode einer bloßen Herstellung übersteigt. Zu diesem Wachstum gehört, dass viele Faktoren auf das Format einwirken, die nicht alle von vornherein absehbar oder gar in ihrer Wirkung kalkulierbar waren. In der langen Zeit des Wachstums lagern sich vielfältige Einflüsse in das Format ein. Es verändert sich durch Tradierung, unterschiedliche Praktiken und Sinneinschreibungen. Das Format hat in dieser Weise seine eigene Genese, die über die Intentionen von einzelnen Menschen oder Gruppen hinausgehen. Formate produzieren *zweitens* einen Sinnüberschuss, den ein bloßes Kulturprodukt nicht oder zumindest nicht in diesem Umfang aufweisen muss. Bei Produkten wird innerhalb eines überschaubaren Zeitrahmens auf bestimmte Wirkungen abgezielt. Dies schließt kalkulierte Sinnpotenziale mit ein. Formate sind nicht in dieser Weise planbar. Sie entwickeln zudem eine Sinnfülle, die als Überschuss immer das übertrifft, was Einzelne absehen konnten. Sinn- und Bedeutungsdimensionen eines kulturellen Formats verdanken sich immer einem kollektiven Zusammenwirken, das eine eigene Dynamik entwickelt. Formate sind innerhalb der Kultur somit nicht einfach nur Darbietungsformen, sondern auch regelrechte Organismen, die ab einem bestimmten Zeitpunkt damit beginnen, ihr dezidiert eigenes Leben zu führen.

4.2 Elemente kultureller Formate: Ort, Objekt, Praxis, Diskurs

Formate sind hingegen nicht einfach mit bestimmten Produkten identisch. Innerhalb der Kultur kann ein Produkt den Rang eines Formats erreichen – mehr aber auch nicht. Mit seiner eigenen Geschichte entwickelt das Format einen erheblichen Grad an kultureller Bedeutsamkeit und an medialer Strahlkraft. Dies alles verleiht Formaten erhebliche Konsistenz bei gleichzeitiger Flexibilität und eine Langlebigkeit, die immer wieder Generationen von Menschen überdauert. Dies eröffnet die Möglichkeit, dass an Formate auch dann wieder angeknüpft werden kann, wenn sie scheinbar veraltet sind und nur noch zu einem fernen Traditionsbestand gezählt werden können. Formate sind demnach geschlossen und bieten doch bestimmte Andockstellen, die für Anschlüsse bereit stehen, die ebenso über Kommunikation

4.2 Elemente kultureller Formate: Ort, Objekt, Praxis, Diskurs

wie über Praxis geleistet werden können. Da kulturelle Formate dergestalt komplex aufgestellt sind, dürfen sie nicht mit monolithischen Elementen verwechselt werden. Ein Format mag kompakt wirken, ist aber dennoch nichts weniger als eine bloße Box für Inhalte.

Das kulturelle Format wird hier deshalb als „Kompaktbegriff" (Schmidt 2003a) aufgestellt, der vier grundsätzliche Elemente enthält. Diese Elemente sind *erstens* Objekte, *zweitens* Orte, *drittens* Praktiken und *viertens* Diskurse (vgl. Lüddemann 2008a: 60ff.). Diese Elemente bilden ein Konstrukt, das in sich vielgliedrig und multipolar aufgebaut ist, über Vernetzungen zugleich auch aber auch interne Verbindungen aufweist, die dem ganzen Konstrukt Flexibilität verleihen und zusätzlich als kulturelle Energiebahnen wirken, da sie im Sinn der Bedeutungsübertragung leitende Eigenschaften haben. Als Konstruktion aus mehreren Faktoren kann das Format nicht mit bloßen Produkten verwechselt werden. Abgesehen von solch defensiver Orientierung bietet das Modell aber auch analytische Vorteile. Es gestattet eine tiefere Einsicht in kulturelle Formate, weil es den Blick von bloßen Veranstaltungen und Institutionen ablenkt und stattdessen mit unterschiedlichen Faktoren auch deren vielfältige interne Interdependenzen in den Blick nimmt. So entsteht Aufmerksamkeit für Formate als kulturelle Kraftfelder, die ihre Energie vor allem aus Koalitionen unterschiedlicher Aggregatzustände kultureller Bedeutsamkeit beziehen.

In dieser Konstruktionsweise ähnelt das kulturelle Format der internen Struktur der Kunst, sofern diese nicht mit Objekten identifiziert, sondern als Geflecht aus unterschiedlichen Faktoren und ihren Einflussenergien verstanden wird (vgl. Lüddemann 2007: 26–30). Ein Verständnis von Kunst, das diese nicht mit den Exponaten einer Ausstellung verwechselt, stellt neben die Objekte auch die ästhetische Erfahrung als Praxis einer auf die Besonderheiten von Kunst abgestellten Rezeption, den Diskurs als Organ kommunikativer Weiterverarbeitung und die Institution als Ort, an dem sowohl die Objekte wie auch die Erfahrung ihren angemessenen Platz finden. Dies alles zusammen formt Kunst zu einem kulturell produktiven Energiefeld, das vielfältige Aktivitäten ebenso koordiniert wie es den daran mitwirkenden Menschen eine reiche Diversifikation an Rollenkonzepten eröffnet. Analog zu dieser Aufstellung kann auch Kultur anhand ihrer Formate gefasst werden. Diese Analogie verweist im Übrigen auf eine Kongruenz zwischen Kunst und Kultur. Beide sind Produzenten von Bedeutung.

- Die einzelnen Faktoren des kulturellen Formats können so beschrieben werden: *Objekte* sind all jene Dinge, die derart auratisch aufgeladen sind, dass sie in kulturellen Zusammenhängen als Bedeutungsträger fungieren können (vgl. Savoy 2018). Kultur materialisiert sich in Objekten. Objekte tragen Sinn (vgl. Simmel

1989: 626), fügen sich zu einer eigenständigen Welt der Dinge und treten dem Menschen in solchermaßen objektivierter Gestalt als „kulturelle Ausrüstung" (Geertz 1997: 9) seines Daseins entgegen. Objekte können Kunstwerke oder Denkmäler, Fanartikel, Reliquien oder Glücksbringer sein. Unabhängig von dem Status ihrer Wertigkeit und ihrer Zuordnung zu bestimmten sozialen Milieus oder Praktiken vermitteln sie einen spezifischen Sinn und avancieren dadurch zu Gegenständen einer von bloßer Alltagsroutine unterschiedenen Rezeption. Im Kontext von Kulturen wirken Objekte stabilisierend als Träger von Erinnerung – schließlich verdankt sich ihre Aura einer meist längeren Geschichte erfolgreicher, weil diskursiv abgestützter und durch Praktiken wiederholter Bedeutungszuschreibungen. Diese Geschichte schreibt sich in Objekte regelrecht ein. Objekte werden deshalb als Hervorbringungen des Menschen am Ende auch zu dessen Spiegel (vgl. Steenblock 2004: 14), in dem er sich wesentlich erkennt. Der Charakter der Kultur als einer eigenen, fest in sich gefügten Wirklichkeit wird vor allem an den Gegenständen sichtbar, die deshalb oft zu ihren hervorgehobenen Repräsentanten avancieren.

- *Orte* können Objekte beherbergen, Schauplatz von Praktiken sein oder selbst Bedeutungen tragen und ausstrahlen: Wie bei den anderen Positionen des Modells des kulturellen Formats sind auch Orte mit den anderen Faktoren eng verwoben. Orte können Museen sein, Gedenkstätten, Festspielhäuser, aber auch Stätten der Industriegeschichte oder einfach Landschaften (vgl. Lüddemann 2009a), die als Teil der Natur auf den ersten Blick jeder kulturellen Dimension zu entbehren scheinen. Wie bei den Objekten öffnet sich auch bei den Orten ein denkbar weiter Fächer möglicher Konkretisierungen. Orte verlangen wie die Objekte die immer wiederkehrende, oft zum Ritual verfestigte Begegnung. Orte können jedoch auch Objekte beherbergen – man denke nur an Museen – oder Bühne für bestimmte Praxisformen sein, die selbst Bedeutung tragen, weil sie diese in ihrem wiederholten Vollzug immer neu aktualisieren. Orte werden so zu Stätten der Erinnerung, an denen sich historisches Gedächtnis regelrecht aufladen kann. Solche Orte können bereits vorhanden sein, aufgefunden werden oder sich bewusster Setzung verdanken. Diese Spannbreite entspricht sehr genau derjenigen zwischen einer archäologischen Grabungsstätte als Paradigma eines Ortes, der sich einem Fund verdankt, und dem Holocaust-Mahnmal in Berlin, das auf eine bewusste Setzung zurückgeht, die mit einer bestimmten Bedeutungszuweisung verbunden ist. In beiden Fälle können Orte ihr Eigenleben entfalten, das mit jener Unkalkulierbarkeit korreliert, die kultureller Bedeutungsentwicklung auch immer eigen ist.
- *Praktiken* sind genau jene Sozialformen, die im engeren Kontext der Kultur sowohl formalisiert wie auch spontan ausfallen können. Sie können entsprechend

4.2 Elemente kultureller Formate: Ort, Objekt, Praxis, Diskurs

einen Grad hoher Verfestigung erreichen, aber auch so informell gestaltet sein, dass sie als eigenständige Praktiken kaum noch sichtbar sind. Praktiken können sich auf Orte beziehen und Objekte involvieren – sie müssen es jedoch nicht. Konstitutiv ist ihr Vollzugscharakter, der eindringlich daran erinnert, dass Kultur niemals nur ein starres Arsenal bestimmter Dinge oder Wissensbestände ist, sondern stets auch von ihrer performativen Seite her in den Blick genommen werden muss. Praktiken integrieren nicht nur Individuen in die überindividuellen Formationen der Kultur, sondern machen Kultur auch immer wieder erleb- und lernbar – ein kaum zu unterschätzender Faktor. Praktiken entfalten so innerhalb der Kultur ihre eigene mobilisierende Kraft (vgl. Bachmann-Medick 2006: 110), die sich in sehr unterschiedlicher Weise entfalten kann. Dies betrifft nicht nur Geschwindigkeiten, sondern auch Grade der Verfestigung und ihnen zugeordnete Intentionen. Praktiken entwickeln dort normierende Kraft, wo sie als langsame Gewöhnung wirken. Norbert Elias machte als zentralen Faktor des von ihm untersuchten Prozesses der Zivilisation eben jene Praktiken aus, die ohne eine zuvor festgelegte Entwicklungsrichtung einen Prozess des fortgesetzten Versuches eröffneten. Am Beispiel des Gebrauchs von Besteck zeigte Elias, wie Praktiken dazu führten, dass Objekten bestimmte Verwendungsweisen als Bedeutungen zugewiesen wurden (vgl. Elias 1976. Bd. 1: 144). Weitere Beispiele für kulturell relevante Praktiken finden sich in den Analysen, die Clifford Geertz am Beispiel des balinesischen Hahnenkampfes (vgl. Geertz 1987) und Marcel Mauss am Beispiel der Gabe in archaischen Gesellschaften (vgl. Mauss 1990) durchführten. In diesen Fällen wurde jeweils deutlich, inwieweit sich kulturelle Wirklichkeit durch Praktiken herstellen lässt – insbesondere dann, wenn die Praxis zum Ritual verfestigt erscheint (vgl. Bachmann-Medick 2006: 113) und als solche unmittelbar Bedeutung repräsentiert und in ihrem Vollzug hervorbringt.

- *Diskurse* teilen schließlich mit den Praktiken den Aspekt des Performativen. Sie sind Praktiken eingelagert und entfalten selbst einen Aufführungscharakter. Als verbalisierte Kommunikation reichen Diskurse jedoch dorthin, wo Praxis keinen Ort mehr hat – in den Bereich abstrakter Vorstellung. Zugleich leistet der Diskurs in verfeinerter Weise, was die Praxis selbst niemals kann – er artikuliert Geltungsansprüche nicht nur, sondern evaluiert und gewichtet sie auch, und sei es mit dem Resultat ihrer Zurückweisung. Innerhalb von Kulturen sind Diskurse das Organ der Kritik und damit Instanz der Reflexivität. Diskurse kommentieren Praktiken, beschreiben Orte, interpretieren Objekte. Sie ersetzen all diese anderen Faktoren der Kultur nicht, vermögen sie jedoch erinnernd aufzubewahren – und über deren Wertigkeit zu orientieren. In Diskursen artikuliert sich vor allem, was Kultur auszeichnet: Bedeutung. Diskurse sind in dieser Weise geeignet, ihre Objekte eigenständig hervorzubringen und damit das vorgefundene kulturelle Material noch einmal zu duplizieren. Mehr als die anderen Faktoren des kulturellen Formats kann sich der Diskurs auf die übrigen Faktoren beziehen und sie damit umgreifen. Seine Fähigkeit zur Duplizierung macht den Diskurs zum Organ der Repräsentation des ganzen kulturellen Formats. Damit ist keine Ersetzung gemeint, auch keine Überordnung der verbalen Ebene über andere kulturelle Vollzüge. Im Gegenteil: Gerade auch die nicht verbalisierten Bereiche der Kultur bringen Bedeutung hervor und sind in insofern unersetzbar.

4.3 Die Leistungen kultureller Formate

Die eben angedeutete interne Struktur des kulturellen Formats ist mehr als nur eine in heuristischer Perspektive zu betrachtende Hilfe für die Analyse von Kultur und ihren Leistungen. Das Konstrukt ist auch als Ausgangskonstellation für das Hervorbringen kultureller Leistungen gedacht, als Matrix eines kulturellen Prozessierens, das seine Kraftentfaltung gerade aus seinen internen Vernetzungen bezieht. Das Schema des Formats macht zunächst klar, dass sich Kultur nicht einzelnen Werken verdankt, sondern immer nur im „Verbundcharakter aller Kulturleistungen" (Bühl 1987: 11) richtig eingeordnet ist. Dieser Verbund nivelliert den Stellenwert der einzelnen an ihm beteiligten Positionen und Energien, hebt jedoch die Bedeutung der Performanzen hervor, die mit ihren Verknüpfungen letztlich die Rechnerleistungen der Kultur sicherstellen. Solche Leistungen sind keine einfach nur linear zu verstehenden Operationen, sondern Prozesse, die erst mit ihren Gegenläufigkeiten jene Dynamik entfalten, die für komplexe Kulturen kennzeichnend ist. Der Rechner der Kultur ist vor allem damit beschäftigt, Bedeutungen in immer neue Aggregatzustände zu überführen und sie damit unaufhörlich zu potenzieren. Indem immer neue Zustände von Bedeutung herbeigeführt werden, wird sie aus unterschiedlichen Richtungen aus anschaubar. Der Rechner der Kultur stellt eine Vielzahl von Blickrichtungen her, die als Alternativen durchgespielt werden können.

Dabei ist es gerade bedeutsam, wenn sich diese Alternativen auf ein und dieselbe Sache beziehen. Themen erscheinen dadurch permanent im flexiblen Modus der Veränderbarkeit. Kultur entgeht so den Gefahren starr justierter Sinnzuschreibungen und gewinnt auf der anderen Seite eben jene Optionalität, die Bedeutung und Sinn flüssig erhalten. Konzepte von Identität sind mit solchen Vorstellungen durchaus vereinbar – vor allem dann, wenn Identität selbst eben nicht als einmal gefasste Position entworfen wird, sondern sich eher im Mitvollzug von prozessualen Vorgängen bewährt. Kulturelle Identität ist dann weniger eine Frage der Bestände

4.3 Die Leistungen kultureller Formate

als eine Sache der Haltung. Eine solche Haltung würde vor allem auf Formen der Beteiligung setzen, anstatt Kultur einfach zum Gegenstand von Bewunderungen einer Tradition zu machen. Dies setzt allerdings voraus, dass Individuen in Kultur nicht so sehr ein Netz sehen, das sie auffängt oder ein Gebäude, das sie beherbergt, als vielmehr ein Ensemble aus Vollzugsformen und Inblicknahmen, die es dem Einzelnen erlauben, seine eigene Position variabel bestimmen und bei Bedarf auch verändern zu können. Dafür müssen Individuen allerdings selbst Rechnerleistungen einer komplexen Kultur vollbringen und diese Operationen nicht einfach anderen Instanzen überlassen. Das flexible Netz der kulturellen Formate erfordert Teilnehmer, die bereit sind, mit den Veränderungen ihrer Position auch kleinere und größere Erschütterungen ihrer persönlichen Sinnkonstrukte auszuhalten oder diese Vorfälle gar als Anlässe produktiver Neuaufstellung zu nutzen. Das Individuum wird in den Stand versetzt, immer neue Konstrukte des Selbst zu verwirklichen. Kulturelle Codierung erlaubt eine neue Qualität der Selbstermächtigung des Menschen; sie führt in eine kulturelle Autopoiese (vgl. Bachmann-Medick 2006: 271f.). Die Kehrseite der hohen, auf von Individuen nachzuvollziehenden Rechnerleistung von Kultur ist unvermeidbare Diffusität (vgl. Baecker 2001a: 9) der Bedeutungen und ihrer Zuordnungen.

Allerdings gehören die Randunschärfen kulturell vermittelter Bedeutungen zu der ihnen eigenen Produktivität und damit Qualität. Das eben entwickelte Grundschema des kulturellen Formats eröffnet mit vier Faktoren nicht nur verschiedene Verwirklichungsformen von Bedeutung, sondern macht auch unabsehbar viele interne Verknüpfungen vorstellbar, die mit den einzelnen Faktoren wie mit jeweils unterschiedlichen medialen Aggregatzuständen entstehen. So kann der *Ort* Aufbewahrungs- und Präsentationsstelle für das *Objekt* sein, gleichzeitig aber auch der *Praxis* einen Schauplatz bieten oder gleiches für den *Diskurs* leisten. Das *Objekt* seinerseits kommt am *Ort* zur Geltung, wird zum Orientierungspunkt für die *Praxis* und liefert dem *Diskurs* Inhalte für dessen evaluierende Kommunikation. Die *Praxis* ihrerseits belebt den *Ort*, versetzt das *Objekt* in einen Kontext lebendiger Aneignung und fungiert zugleich als Organ einer Erfahrung, die dem *Diskurs* unverzichtbaren Stoff liefert. Am Ende benötigt der *Diskurs* den *Ort*, um einen Schauplatz und mit ihm Wertigkeit zu finden, er evaluiert Bedeutungen des *Objekts,* rekapituliert *Praxis* und ist am Ende selbst ein Teil von ihr. Das Stenogramm der Bezüge und Koalitionen, die zwischen den vier Elementen des Formats gebildet werden können, belegt die Fülle der unterschiedlichen Sinnoptionen und Bedeutungszuschreibungen, die mit ihm möglich werden.

Dadurch verändert das Format als Ganzes unablässig sein Gesicht. Es leistet jedoch, was in und für Kultur unerlässlich ist: Das Format stellt Konkretisierungen von Bedeutung bereit und koppelt sie mit diskursiver Bearbeitung. Dadurch werden auch die nicht verbalisierten Formen der Bedeutungsproduktion für Kommunikation zugänglich, können mit Kriterien abgeglichen, diskutiert und vor allem erinnert, also wiederholt zum Gegenstand von Kommunikation gemacht werden. Kulturelle Formate integrieren so unterschiedliche Formen der Bedeutungsproduktion, gerade auch diejenigen, die sich einer Praxis oder einer individuellen Erfahrung, wie der ästhetischen verdanken. Formate leisten insofern vor allem zweierlei – sie fächern Aggregatzustände der Kultur zu ihrer pluralen Erscheinung auf und binden sich gleichzeitig in ein Gefüge ein, das Zusammenhänge erkennbar und Zusammengehörigkeiten erfahrbar macht. In dieser Konstellation verleihen Formate der unhintergehbaren Dualität von konkreter Ausprägung und abstrakter Strukturierung von Bedeutungen in der Kultur die ihr zukommende Plastizität.

Formate der Kultur schaffen sogar Identität – aber eben nicht im Sinn einer Abgrenzung, die gar beinhaltet, Gegner der eigenen Position zu identifizieren (vgl. Huntington 2002: 21). Das multifokale Format erlaubt es im Gegenteil, Identitäten mit wechselnden Gewichtsverlagerungen auszubilden oder gleich mehrere, unterschiedliche Identitätsentwürfe in *einem* Bedeutungshorizont miteinander zu verbinden. Schließlich eröffnen die Positionen des Formats auch die Möglichkeit, sehr unterschiedliche soziale Rollen, kulturelle Praktiken und subjektive Haltungen so miteinander zu konzertieren, das Austausch und Kontakt zustande kommen, weil sie einfach lohnender erscheinen als die konfrontative Abschließung. Identität entsteht über die Erfahrung von Differenz (vgl. Bachmann-Medick 2006: 190), sie führt jedoch nicht zu einem völligen Horizontverfall, der jede Hoffnung auf eine Sinnperspektive zum Verschwinden bringen muss (vgl. Han 2005: 54). Identität ist zwar nicht im Sinn einer monolithischen Geschlossenheit, wohl aber in der Form einer Kohärenz zu erreichen, die zwar immer wieder unscharf zu werden droht, über Prozesse des Verstehens und der Aneignung jedoch immer neu hergestellt werden kann.

Die Herstellung von Sinn kann mit Blick auf das Individuum und mit Blick auf die Gesellschaft diskutiert werden. Für das Individuum entsteht Sinn über Formen der Beteiligung und Erfahrung, für Gesellschaften in der Ausformung narrativ strukturierter Zusammenhänge. Als Instanzen der Konkretisierung repräsentieren kulturelle Formate nicht allein Bedeutungsstrukturen, sie involvieren auch Subjekte. Dabei kann das Individuum in das Spiel der Bedeutungen eintreten, weil es Erfahrungen machen, an Praktiken teilhaben und seine Sinne affizieren lassen kann. Kultur ist in dieser Perspektive viel mehr als nur ein intellektuelles Phänomen. Sie öffnet sich im Gegenteil als Feld der aktiven Teilhabe, die sich in Formen der Betätigung wie der Rezeption erfüllen kann. Kultur hat somit unmittelbar einen aktivierenden Grundzug (vgl. Scheytt 2008), weil sie menschliche Aktivität herausfordert und diese zugleich benötigt, um selbst weiter existieren

4.3 Die Leistungen kultureller Formate

zu können. Kultur tritt dem Menschen in der Gestalt einer Objektwelt, Historie und artifiziellen Umwelt als Wirklichkeit von eigenem Recht entgegen. Allerdings benötigt diese Welt die ständige Aktivierung und Einmischung des Menschen, um überhaupt weiter bestehen zu können. Die objektivierten Bestände der Kultur bleiben nur dann vital im Sinn einer Produktion von Bedeutung, wenn Menschen sie sich aneignen und dabei unweigerlich neu interpretieren. Jede dieser Berührungen mit Kultur wirkt als Fortsetzung wie als Veränderung, schließlich kann Sinn nur als Einschreibung eines neuen, weil modifizierten Sinns aktualisiert werden. Schließlich sind Aneignungen von Kultur keine bloßen Übernahmen des einmal Vorgeprägten, sondern in jedem Fall auch Anwendungen auf neue Kontexte. Damit verschieben sich Sinnpotenziale – allerdings auch in der Form, dass frühere Bedeutungsprägungen nicht verloren gehen, sondern in den folgenden kulturellen Konkretisierungen wie in ein Gedächtnis eingefügt bleiben. Bedeutungen sind auf diese Weise präsent – wenn auch nicht in einem vordergründigen Klartext, so doch immer wieder auch in Schichtungen, Überlagerungen, mehr oder weniger deutlichen Spuren des Sinns.

Das Individuum arbeitet an diesem Gewebe mit: als interpretierendes Subjekt, das Bedeutungen erschließen möchte und damit seine Veränderung immer wieder bewerkstelligt und sich dabei auch auf der Ebene seiner Sinne von kulturellen Formaten affizieren und faszinieren lässt. Kultur berührt Menschen auch als fühlende und verspürende Wesen. Damit sind keine gegenüber intellektuellen Aktivitäten herab zu setzenden Ebenen gemeint, sondern immer nur tendenziell gleichwertige Formen der Kulturrezeption und -bearbeitung. Individuen arbeiten dergestalt an kulturellen Formaten weiter. Dies betrifft nicht nur die eigene planerische Aktivität eines bewussten Entwerfens solcher Formate. Viel wichtiger sind in diesem Kontext all jene Aktivitäten, die auf lange Sicht und in der Form eines allmählichen Umbaus auf Kontur und Konsistenz kultureller Formate einwirken. Individuen erneuern *Praktiken*, indem sie diese ausführen und zu guten Teilen wieder beleben. Sie prägen *Orte* durch ihre Anwesenheit. Sie geben *Objekten* ihren kulturellen, also spezifischen Sinn, indem sie diese aus der unbegrenzten Menge zur Verfügung stehender Dinge auswählen, sie sammeln, präsentieren, inszenieren. Und sie prägen *Diskurse* durch Kommunikation, Kontroverse, Kommentar. Die verschiedenen Aktivitäten von Individuen schreiben sich in dieser Weise in die Formierungen kultureller Bedeutung ein – indem sie unablässig Neuprägungen dieser Bedeutung veranlassen, sie kommentieren und bewerten und auf diesem Weg die Beobachtung ihrer eigenen Aktivitäten betreiben. Gerade der Blick auf die *Praxis* als Dimension der Kultur hat gelehrt, den Wert des Subjekts und seiner Handlungen ernst zu nehmen und als eigenständigen Faktor einer nur als ferne, anonyme Struktur verstandenen Kultur gegenüber zu stellen. In der Praxis ereignet sich die Verknüpfung von kollektivem Bedeutungsmuster und subjektiver Sinnzuschreibung (vgl. Moebius 2009: 123f.). Die Differenz zwischen diesen beiden Ebenen erzeugt unmittelbar Bedeutung. Die verschiedenen Faktoren und Ebenen des kulturellen Formats bieten für diese Aktivitäten Anknüpfungspunkte und zur gleichen Zeit verschiedene Speicherformen, um die Spuren subjektiver Aktivität zu bewahren – als Sinnoption für die Zukunft.

Derartige Sinnoptionen werden allerdings darüber hinaus auch in kollektive Muster eingeschrieben, die zumindest in drei Hinsichten als besonders leistungsfähig beschrieben werden können. Diese Muster organisieren *erstens* ein Gedächtnis, sie repräsentieren *zweitens* das kulturelle Wissen in narrativen Formen und ermöglichen so *drittens*, das diese Wissensbestände rezipiert und erlernt werden können. Kultur beruht in besonderer Weise auf der Fähigkeit, Wissensbestände dadurch zu bewahren, dass sie in Strukturen überführt und fortwährend umgebaut werden. Die im Lauf der Zeit erarbeiteten Sinnoptionen werden nicht als bloßer Bestand aufbewahrt, sondern dadurch wirkungsvoll konserviert, dass sie in bestimmten Bedeutungsstrukturen gruppiert werden. Dies geschieht durch Kopplungen von einzelnen Faktoren des kulturellen Formats und durch Wiederholungen im zeitlichen Verlauf. So werden auf der synchronen wie auf der diachronen Ebene Profile gebildet, die Sinnoptionen dadurch zu Wissensbeständen machen, dass sie diese in Bewertungsmuster einpassen. In solchen Strukturen wird aufbewahrt, was sich bewährt hat – oder was Erfahrungsformen in besonderer Weise irritiert hat. In Mustern organisierte Bedeutungselemente können schließlich immer beides sein: Zentren in Gestalt bevorzugter Sinnoptionen oder Peripherien, die von Schemen und Schatten bevölkert werden, in denen sich belastende Erfahrungen spiegeln. Die Strukturbildung des Musters klärt nicht nur Fragen nach Relevanzabstufungen, sie gestattet auch den Umbau durch Wanderungen von einzelnen Bedeutungsinhalten vom Zentrum in die Peripherie und – in der entgegen gesetzten Richtung – von der Peripherie ins Zentrum.

Solche Musterbildungen sind deshalb besonders wirksam, weil sie sich in einprägsamer Form konkretisieren. Dafür seien hier nur zwei Beispiele genannt: die Sammlung und die Erzählung. Sammlungen bestehen aus Objekten, die aus ursprünglichen Kontexten heraus gelöst und in einen neuen Zusammenhang integriert worden sind. Dieser neue Kontext entsteht als interpretative Leistung derjenigen, die Objekte auswählen, vergleichen, zuordnen, präsentieren. In der Sammlung sammelt sich verstrichene Zeit zu einer neuen Gegenwart; zudem konserviert die Sammlung alle Formen der Praxis, der sie ihr Entstehen und Anwachsen verdankt. Als spezifisch konturierter Objektbestand wird die Sammlung selbst Bedeutungsträger – in jedem einzelnen ihrer Objekte und in dem Profil des Ensembles der Objekte, mit dem Ausdehnung des Ensembles wie deren interne

4.3 Die Leistungen kultureller Formate

Struktur in gleicher Weise gemeint sind. An Sammlungen lassen sich in dieser Weise Bedeutungen ablesen und durch interpretierende Aneignung immer wieder neu erzeugen. Sammlungen bieten dabei den Vorteil der *Synchronie*: Alles, was sie substanziell ausmacht, ist unmittelbar in ein und derselben Gegenwart anwesend, ganz unabhängig von der Tiefenerstreckung der Historie, der die Kollektion ihre Genese verdankt.

Anders verhält es sich bei Erzählungen. Sie bieten alle Vorteile der *Diachronie*. Denn sie ordnen ihre Elemente in einem zeitlichen Nacheinander an und bilden damit ein Äquivalent zu einer Historie, die in der Erzählung als fiktiver Geschichte individuell angeeignet und nachgeformt, in einem zweiten Schritt allerdings auch zu einem Muster ausgestaltet wird, das sich einem Publikum vermitteln lässt und in dieser Weise kollektive Relevanz gewinnt. Erzählungen heben auf und entwerfen: Die Dualität der Kultur und ihrer Aktivitäten der Bedeutungsproduktion finden sich in Mustern der Narration unmittelbar angebildet. Erzählungen nehmen in der Kultur sehr unterschiedliche Gestalt an. Von Mythen (vgl. Cassirer 2002) über Märchen, mündlich überlieferten Berichten bis hin zu Geschichtsschreibung und literarischen, also fiktiven Texten reicht der weite Bogen der Erzählung – mit jeweils unterschiedlichem Wahrheitsstatus und entsprechender Abstufung der Geltungen in kulturellen Gemeinschaften. Erzählungen bieten den Vorteil, kulturelle Wissensbestände in der fasslichen Form von Ereignissen und Personen plastisch werden zu lassen.

Sammlung und Erzählung sind die konkreten Ausformungen von zwei wichtigen Muster- und Strukturbildungen innerhalb von Kulturen. Sie bewahren Sinnoptionen als Wissen nicht einfach auf, sondern machen sie in konkreten Gestaltungen individuell fassbar. Nach allem, was bisher über die Medialität von Kultur gesagt worden ist, ist damit auch klar, dass sich kulturelles Wissen auch durch die Weisen seiner Darbietung in besonderer Weise prägt. Medialität erzeugt selbst unmittelbar Bedeutung. Diese Aufbereitung von ansonsten abstrakten, weil sehr komplexen Sinnoptionen bietet Individuen entscheidende Vorteile. Sie machen Sinn und Bedeutung unmittelbar erfahrbar, weil sie die Rezeption entscheidend erleichtern. Über Kultur lässt sich nachdenken und diskutieren – erfahren wird sie jedoch in erster Linie über Konkretisierungen, die sie gleichsam fassbar machen. Mehr noch: Konkrete Formen wie Sammlung und Erzählung sowie mit ihnen einher gehende Bildungen kultureller Formate eröffnen vor allem Wege der lernenden Aneignung von Kultur. Individuen lernen Kultur, indem sie anschauen, zuhören, nachahmen – und erst in nach geordneten Schritten fragen, diskutieren, kritisieren, neu entwerfen. Damit soll die intellektuelle Ebene der Auseinandersetzung mit Kultur nicht herabgesetzt werden. Konkrete Formungen von Kultur eröffnen jedoch Erlebnisweisen, affizieren die Sinne, prägen das individuelle Gedächtnis, schulen die Anschauung. Kulturelle

Formate und konkrete Formbildungen repräsentieren Wissensbestände in der Form von Erlebniswelten. Dabei spielt der Wirklichkeitsstatus offenbar nur eine untergeordnete Rolle. Ob präsente Sammlung von Objekten oder Erzählung von fiktiven Personen und Ereignissen – in der Welt der Kultur erlangt das eine wie das andere drängende Gegenwärtigkeit und entfaltet hohe Prägekraft. Die Bedeutungsstrukturen der Kultur haben schließlich einen ganz eigenen Wirklichkeitsstatus. Dieser ist durch und durch symbolisch.

4.4 Beispiel: Documenta – Erfolgsformat der Kultur

Als „einflussreichste Kunstausstellung der Welt" (Schneckenburger 1983: 159) ist die Kasseler Documenta das führende Format ihres Genres. Jede ihrer bisherigen Ausgaben erscheint als „Meilenstein" (Schwarze 2008), der als Wegmarke zentrale Bedeutung beanspruchen darf und mit allen anderen Meilensteinen zusammen nicht nur das Kunstgeschehen, sondern inzwischen auch das Zeitgeschehen vertaktet, insofern es im Hinblick auf kulturelle und mediale Repräsentation wahrgenommen wird. Die Documenta ist ein Mythos, als solcher und als „paradigmenbildende zeitgenössische Kunstausstellung" (Szymczyk 2017: 23) zentrale Instanz von überragender Definitionsmacht (vgl. Lüddemann 2004: 276), welche die Zeitgenossen ebenso orientiert wie durch ihre schiere Überlast irritiert. Jede bevorstehende Ausgabe der alle fünf Jahre wiederkehrenden Kasseler Kunstausstellung wird mit Spannung erwartet; die zurückliegenden Verwirklichungen dieses Formats sind längst mehr oder weniger zu Ereignissen von geradezu magischer Ausstrahlung verklärt. Die gegenseitige Aufladung von Gegenwart, Vergangenheit und Zukunft dieser Ereignisreihe hat sich zu einem unwiderstehlichen „Autoritätsgestus" (Kimpel 1997: 75) des ganzen Formats verdichtet.

Die zentrale Stellung der Documenta für die Kunstgeschichte nach 1945 ist unbestritten, ihre Relevanz als Ereignis gewordener Wahrnehmungsmodus der Gegenwartskunst schlechthin durchschlagend. Im Kontext der vorliegenden Darstellung steht die Documenta jedoch nicht als Kunstausstellung im Mittelpunkt. Die Documenta interessiert als Musterbeispiel eines Kulturformats, das mehrere Ebenen der Konkretisierung kultureller Bedeutung zu einem ebenso kompakten wie komplexen Konstrukt in sich vereinigt. Von zentraler Relevanz ist dabei die Fähigkeit der Documenta, Stabilität und Flexibilität miteinander kombinieren, als Inbegriff einer großen Vergangenheit wie als Versprechen auf eine erneuerte Zukunft faszinieren zu können. Diese, abseits aller Kontroversen um künstlerische Wertigkeiten unbestrittene Eigenschaft weist die Kasseler Ausstellung bereits als

4.4 Beispiel: Documenta – Erfolgsformat der Kultur

großes und bedeutendes Kulturformat aus. Zuletzt aktualisierte der Leiter der Documenta 14 diesen in der Kunstwelt nahezu einmaligen Anspruch, indem er seine Ausgabe der Weltkunstschau in Athen und in Kassel und damit zum ersten Mal an zwei gleichberechtigten Orten stattfinden ließ. Dabei fand die Eröffnung in Athen und nicht in Kassel statt.

Die grundsätzlichen Daten der Documenta lassen die angesprochene Bedeutung zunächst nicht zwingend erkennen (vgl. Nemeczek 2002: 6–9). Die von der Documenta GmbH veranstaltete Ausstellung findet alle fünf Jahre vor allem in der Kasseler Stadtmitte statt. Zentraler Ausstellungsort ist das Museum Friedricianum, dazu kommen weitere Orte wie die Documenta-Halle, die Karlsaue, zuletzt auch die nur einmal bespielte Binding-Brauerei (2002), eine temporäre Ausstellungshalle (2007) oder die erstmals als Ausstellungsort etablierte Hauptpost in der Kasseler Nordstadt (2017). Die einzelnen Ausgaben werden von einem zuvor bestimmten Leiter beziehungsweise von einer Leiterin verantwortet, die von einer Ausgabe zur nächsten wechseln. Bis auf Manfred Schneckenburger (1977 und 1987) hat noch nie eine Person zwei Ausgaben der Documenta verantwortet. Die heutige Weltkunstschau wurde zum ersten Mal 1955 als Beiprogramm einer Bundesgartenschau veranstaltet und dann 1959 zum ersten Mal wiederholt. Seit 1972 gilt das Prinzip des Documenta-Leiters als zentraler Verantwortungsinstanz ebenso wie der Abstand von fünf Jahren zwischen den einzelnen Ausgaben. Seit 1955 ist die Zahl der Besucher kontinuierlich angestiegen – von knapp 135.000 bis auf rund 680.000 bei der zwölften Documenta 2007. 2012 sahen den offiziellen Angaben nach rund 900000 Besucher die Ausstellung, 2017 zählten die Verantwortlichen in Athen knapp 340000, in Kassel rund 890000 Besucher. Über 2.500 Künstlerinnen und Künstler waren in der Documenta-Geschichte in Kassel vertreten. Mit sieben Teilnahmen markiert Joseph Beuys ebenso eine Rekordmarke wie Pablo Picasso und Gerhard Richter.

Diese grundsätzlichen Daten machen allein noch nicht klar, warum gerade die Documenta für Künstler zu einem „Vorhimmel zur Ewigkeit" (Schneckenburger 1983: 26), für eine Stadt zum zentralen Baustein ihres Selbstbildes (vgl. Nemeczek 2002: 10ff.) und für die ganze Gegenwartskunst zu einer Schiedsinstanz ohne Vergleich avancieren sollte (vgl. Kimpel 1997: 222), die sogar die viel ältere Biennale von Venedig in ihrer Bedeutung hinter sich gelassen hat. Dabei deuten einige der grundsätzlichen Daten des Ausstellungsformats bereits auf eine große kulturelle Kraftentfaltung hin. Die Documenta entfaltet sich parallel zur Nachkriegsgeschichte, sie repräsentiert mit der expansiven Entwicklung ihrer Besucherzahlen das Modell eines ungebremsten Aufstiegs. Sie verknüpft den Aspekt der lokalen Verwurzelung mit ihrer inzwischen unbestrittenen globalen Geltung und bildet mit ihrer langen

Künstlerliste ein wahres Kompendium der Gegenwartskunst, das auf eine nicht weiter eingegrenzte Fortsetzung hin angelegt ist. Obendrein bietet sie mit den Figuren der Leiter Personen als Identifikationsanlässe und mit der Regelmäßigkeit ihrer Wiederkehr ein Moment der Rhythmisierung, das bereits für sich genommen von hoher Organisations- und Bindekraft ist. Repräsentativität, differenzierte Räumlichkeit, Wiederholung und Erneuerung, Maßstäblichkeit und Wagnis, vielfältige mediale Ausstrahlung sowie begleitender Diskurs: Die Documenta erweist sich als ein Gebilde, das als Ausstellung nur unzureichend umschrieben ist. In Wirklichkeit verknüpfen sich die genannten und dazu weitere Faktoren zu einem Kulturformat von besonders ausgeprägter zentrierender Kraft und vorwärts drängender Energie. Dafür sind vor allem zwei Bauprinzipien verantwortlich: Polyzentralität und innere Widersprüchlichkeit.

Diese interne Struktur verwirklichte sich mit der bislang letzten Ausgabe der Documenta 2017 auf spektakuläre Weise. Der polnische Kurator Adam Szymczyk hatte sich zum Ziel gesetzt, die Weltkunstschau aus ihrer zentralen Verortung zu lösen und sie als „Kontinuum ästhetischer, ökonomischer, politischer und sozialer Experimente" (Szymczyk 2017: 22) ganz neu zu positionieren. Zum ersten Mal in der Geschichte des Formats etablierte er mit Athen einen gleichberechtigten zweiten Ausstellungsort, nachdem seine Vorgängerin Carolyn Christov-Bakargiev 2012 mit dem afghanischen Kabul einen ersten Ableger konstituiert hatte. Szymczyk aber kuratierte gemeinsam mit seinem Team in der griechischen Hauptstadt eine eigene Documenta, die mit der zeitlich versetzt in Kassel eröffneten Ausstellung über Querverbindungen verknüpft war. Das Documenta-Team etablierte in Athen über 30 Ausstellungsorte, darunter vor allem das Museum für zeitgenössische Kunst EMST, das aus finanziellen Gründen über Jahre nicht eröffnet werden konnte. Szymczyk konzipierte seine Ausgabe der Documenta auf dem Hintergrund der griechischen Finanzkrise als binneneuropäische Blickachse, die vom wohlhabenden Nordwesten der Europäischen Union in den notleidenden Südosten und wieder zurück führen sollte. „Von Athen lernen": Dieser zentrale Slogan reklamierte für die Kunst eine eigene Erkenntnisleistung, die sich im Hinblick auf ökonomische Unterschiede, Flüchtlingsbewegungen und Modelle sozialer Interaktion von den Konzepten der offiziellen Politik kritisch abheben sollte. Mit dem in Athen etablierten „Parlament der Körper" (vgl. Szymczyk 2017: 28) setzte das Kuratorenteam der Politik der EU die Utopie einer Politik von unten entgegen.

Mit Blick auf die weiter oben erläuterten zentralen Faktoren kultureller Formate sollen zunächst deren Elemente in den Blick genommen werden, bevor untersucht wird, in welches Muster sich alle diese Faktoren höchst wirkungsvoll integrieren.

4.4 Beispiel: Documenta – Erfolgsformat der Kultur

- *Objekt*: Die Frage nach den Objekten ist mit Blick auf eine Kunstausstellung schnell zu beantworten. Nichts liegt in diesem Fall näher – auch und gerade bei der Documenta. Objekte sind die Kunstwerke, die im Verlauf von Jahrzehnten in Kassel präsentiert worden sind und die sich gerade im Fall dieses Formats gleichsam in der Retrospektive mit Bedeutung aufgeladen haben. Ob die 1955 im Entree des Friedricianums ausgestellte Plastik „Kniende" von Wilhelm Lehmbruck oder die 1977 am gleichen Ort installierte „Honigpumpe" von Joseph Beuys – Objekte fügen sich im Rahmen des Ausstellungsformates Documenta zu Elementen einer Kette von Klassikern zeitgenössischer Kunst (vgl. Schwarze 2008). Sie avancierten rasch zu Belegstücken und Referenzwerken der Gegenwartskunst überhaupt. Ihre Einfügung in ein immer bedeutungsvoller werdendes Format sorgte für erhebliche Aufwertungen, die im Rahmen anderer Ausstellungen nicht möglich gewesen wären. Inzwischen hat sich diese Richtung längst umgedreht. Die Auswahl von Objekten für die Documenta wertet diese unmittelbar massiv auf. Objekte beziehen insofern Bedeutsamkeit und Wertigkeit von dem Format, in dessen Kontext sie platziert werden. Umgekehrt hat sich die Documenta im kollektiven visuellen Gedächtnis gerade durch Objekte verankert, die im öffentlichen Raum platziert wurden und das erlangt haben, was im landläufigen Sprachgebrauch als Kultstatus bezeichnet wird. Die Reihe dieser Objekte reicht von Claes Oldenburgs am Ufer der Fulda installierten, gigantischen „Spitzhacke" bis zu Jonathan Borofskys „Man walking to the sky", einer Skulptur, die inzwischen vor dem Kasseler Kulturbahnhof steht (vgl. Kimpel 2002). Mit der Ausgabe der Weltkunstschau von 2017 erhielt diese Konzeption von Objekten allerdings auch eine instruktive Erweiterung beziehungsweise Umkehr. In Athen und Kassel präsentierten die Kuratoren mit indigenen Objekten von Künstlern wie dem Kanadier Beau Dick Exponate, die nicht als Kunstwerke begriffen werden sollten. Als Kultgegenstände gelangten die Objekte in den Ausstellungskontext und verließen ihn auch wieder, um in die Kontexte indianischer Kulte zurückgeführt und bei ihrer Verwendung zerstört zu werden. Darin liegt ein eklatanter Bruch mit der Stellung auratischer und deshalb unantastbarer Objekte in der westlichen Kunstwelt.
- *Ort*: Das Kunstformat mit Weltgeltung hat sich an einem Ort entfaltet, der sich mit seiner Lage im Zonenrandgebiet nach 1945 in benachteiligter Situation befand und obendrein durch noch jahrelang sichtbare Kriegszerstörungen in besonderer Weise zurückgeworfen war (vgl. Lüddemann 2004: 277f.). Die Lage in der Peripherie bot keine günstigen Voraussetzungen dafür, ein weithin ausstrahlendes Kulturformat etablieren zu können. Damit korreliert eine Situation der Orte in Kassel selbst. Ausstellungsorte wie das Friedricianum oder die Orangerie in der Karlsaue mussten zunächst als provisorisch angesehen

werden. Aufnahmen von den ersten Ausgaben der Documenta bringen den Kontrast zwischen Kunstexponaten und beschädigter Architektur effektvoll zur Wirkung. Vor dem Hintergrund der Ruinen steigern sich Plastiken zu geradezu expressiver Wirkung (vgl. Kimpel 2002: 35ff.). Diese Wirkungen haben sich insbesondere für bestimmte Orte der Präsentation ergeben. Die Rotunde im Museum Fridericianum erlangte mit den eben erwähnten Werken von Lehmbruck, Beuys und anderen Künstlern einen geradezu legendären Status. Dies ist auch für öffentliche Orte zu konstatieren. So avancierte der Platz vor dem Museum Fricdricianum als Ausgangsort von Joseph Beuys' „Aktion 7000 Eichen" oder mit Werken wie Richard Serras „Terminal" oder Walter de Marias „Erdkilometer" (vgl. Nemeczek 2002: 66–68) zu einem veritablen Schauplatz der Gegenwartskunst selbst. Die Aura gerade dieses Platzes scheint inzwischen so stark zu wirken, dass Documenta-Leiter und Künstler einen gegenläufigen Trend in Gang gesetzt haben: Temporäre Orte wie die 2002 bespielte Binding-Brauerei und die 2007 einmalig in der Karlsaue installierte Ausstellungshalle oder auch die 2017 erstmals bespielte Hauptpost schaffen Freiräume, die Distanz schaffen zu einer mächtig aufgeladenen Tradition, die sich an bestimmten Orten der Documenta bestimmend manifestiert. Mit den 2017 in Athen etablierten Ausstellungsorten eröffnete Kurator Adam Szymczyk einen neuen Traditionsstrang der Documenta. In Athen avancierten Museen wie das EMST, aber auch Parks, das Konservatorium oder der zentrale Syntagma-Platz zu Ausstellungsorten. Die durch Jahrzehnte der Documenta-Geschichte auratisch aufgeladenen Kasseler Ausstellungsorte sind seitdem in eine neue Perspektive gesetzt. Vor allem als Schauplätze des westlichen, am Markt und seinen Usancen orientierten Kunstbetriebes erscheinen sie nun relativiert.

- *Praxis*: Die Documenta als „begehbare Ereignisstruktur" (Schneckenburger 1983: 113): Das auf die Documenta 5 von 1972 gemünzte Wort erhellt eine Grundstruktur des gesamten Formats, das ständig zwischen improvisatorischer Augenblicksschöpfung und institutioneller Verfestigung oszillierte und bis heute den Charakter einer fortgesetzten Praxis behalten hat. Da sich bei der Documenta jede Strukturbildung in vollem Sinn immer nur für die jeweilige Ausgabe vollzieht, bleibt für das Gesamtformat der Aspekt einer Praxis leitend – und der damit verbundene Gesichtspunkt, dass die Documenta nicht so sehr Frage eines fixierten Wissens als die einer Haltung ist, die sich als permanente Offenheit, auch Handlungsoffenheit, am besten bewährt. In diesen Kontext lagern sich die kennzeichnenden Aspekte ein, die als Praxis im eigentlichen Sinn gelten dürfen. Sie beziehen sich auch die von Künstlern initiierten Praktiken, die als Performance ihren Platz haben. Die legendäre „Aktion 7000 Eichen" von Joseph Beuys wurde bereits erwähnt. Für die Flexibilität der Documenta stehen jedoch vor

4.4 Beispiel: Documenta – Erfolgsformat der Kultur

allem Vermittlungsformen, die Rezeption von Gegenwartskunst grundsätzlich verändert haben. Bazon Brocks „Besucherschule" (vgl. Kimpel 1997: 386) und Jan Hoets Marathon-Führungen von 1992 oder der von Catherine David 1997 etablierte Hundert-Tage-Diskurs haben neue Standards für das Erleben von Kunst gesetzt, die Kunstvermittlung zu einer Performance von eigenem Recht gemacht und den Ausstellungsbesuch in eine Form des Kulturevents überführt. Auch im Bereich der Praktiken hat die Documenta neue Standards für Formate und Formen gesetzt, die heute als weitgehend akzeptiert und integriert gelten dürfen. Das wird perspektivisch auch für jene Praxisformen gelten, die mit der Documenta 14 etabliert wurden. Dazu gehören soziale Aktionsformen wie die Versammlungen des „Parlamentes der Körper" oder jener Wanderritt, den der Künstler Ross Birrell 2017 mit mehreren Reitern als Reise von Athen nach Kassel durchgeführt hat.

- *Diskurs*: Auch wenn der Katalog zur ersten Documenta von 1955 denkbar schmal ausgefallen ist – das Kasseler Ausstellungsformat hat dennoch von Anfang an von der Schubkraft eines Diskurses profitiert. Werner Haftmanns seinerzeit legendäres und in breiten Publikumskreisen rezipiertes, 1954 zuerst erschienenes Buch „Malerei im 20. Jahrhundert" hat mit seinem zum Slogan verfestigten Leitwort der „Abstraktion als Weltsprache" für eine programmatische Ausrichtung des neuen Ausstellungsformates gesorgt. Mitten in der Kontroverse um die abstrakte Kunst der Nachkriegszeit platzierte Haftmann mit seinem Werk eine Deutung, die einem Kunststil globale Relevanz, Völker und Kulturen verbindende Wirkung und die Qualität des schlechthin Modernen zuschrieb. Aus dieser Richtung bezog die Documenta ein inhaltliches Programm, wurde zur gleichen Zeit zum Synonym für moderne Kunst selbst – mit allen Folgen der emphatischen Zustimmung bis zur entrüsteten Ablehnung. Dieses Grundmuster hat sich für die weitere Geschichte der Documenta durchgehalten. Das Format hat nicht nur viele, sondern immer wieder ausgesprochen kontroverse Reaktionen auf sich gezogen (vgl. Schneckenburger 1983) und ist darüber hinaus überhaupt zu einem auch in Texten gespiegelten Phänomen geworden. Die Äußerungen der Kunstkritik (vgl. Lüddemann 2004: 263ff.) haben sich im Lauf der Jahrzehnte zum diskursiven Parallelprogramm der Documenta verdichtet. Der Effekt dieses sehr vital expandierenden Diskursgeschehens ist ebenso folgerichtig wie paradox: Die kritischen Reaktionen haben sich wie eine Mauer aus Texten um die Documenta gelegt und sie unangreifbar gemacht, auch indem sie sich selbst zur Instanz der Kritik stilisierte (vgl. Kimpel 1997: 224).

Der kurze Durchgang durch die Positionen des kulturellen Formats zeigt, welcher Beziehungsreichtum sich mit der Documenta entfaltet hat. Auch wenn sich die hier aufgezeigten Aspekte angesichts der Fülle des Materials auf Andeutungen beschränken müssen, sollte doch deutlich geworden sein, in welchem Maße die Documenta ihre Energien aus vielen, heterogenen Richtungen bezieht. Darüber hinaus kennzeichnet die Kasseler Weltkunstschau der hohe Grad einer internen Vernetzung von Bezügen, die als wichtigster Grund der Erfolgsgeschichte der Documenta als Kulturformat gewertet werden kann. Über alle bislang angeführten Gesichtspunkte hinaus liegt die eigentliche Schwungkraft der Documenta in der Weise, wie es gelungen ist, die Charakteristika des Ausstellungsformates selbst in einen narrativen Zusammenhang zu integrieren und deren Wirksamkeit damit dramatisch zu steigern. Die Documenta ist nicht allein eine Ausstellung, sie ist wesentlich auch eine zum Mythos ihrer selbst überhöhte Geschichte von einer Ausstellung (vgl. Lüddemann 2008a: 60). Die wesentlichen Elemente dieser Geschichte sind die ephemere Gründung (Schöpfungsmythos), die Kreation durch Arnold Bode (Übervater und Meistergestalt), die Periodizität der Wiederkehr (Motiv der immer wieder erfolgenden Neugeburt), die umstrittene Documenta 5 (Motiv der Umkehr), deren Leiter Harald Szeemann (Gestalt des Revolutionärs und Neugründers), die zum Ritual verfestigte Wahl neuer Leiter (Versprechen auf eine neue Zukunft) und die Figuren der Leiter wie Catherine David (erste Frau in der Männerphalanx) oder Okwui Enwezor (Ausgriff in die globale Welt) und zuletzt Adam Szymczyk (Neugründer). Diese und andere Elemente fügen sich zu einer Geschichte, welche die Documenta ständig von sich selbst erzählt und damit Linearität und Struktur des eigenen Formats durch retrospektiv vergegenwärtigte Vergangenheit erst erzeugt (vgl. Nassehi 2008: 128). Das Prinzip der Periodizität und zyklischen Erneuerung, in das alle anderen Elemente und Wirkungskräfte integriert werden können, machen aus der Documenta viel mehr als eine große Ausstellung – es überhöht die Kasseler Schau zum Inbegriff eines Kraftwerks der Bedeutungskreation und damit zum Symbol der Kultur und ihrer Fähigkeit zur Sinnstiftung selbst.

4.5 Fazit 4: Kultur als Erfahrung, Lernort, Zeitgliederung

Das zuletzt wenigstens in einigen Grundzügen analysierte Beispiel der Documenta hat gezeigt, dass Kultur Bedeutungen entscheidend über ihre Verwirklichungsformen herstellt und dafür Muster ausprägt, deren Strukturprofile selbst Bedeutung tragen, auf der anderen Seite aber auch Erfahrung ermöglichen und Lernprozesse anleiten. Was die Documenta ist und was sie ausmacht, erfährt der Rezipient in den Vollzügen des Formats selbst und nicht in der Form einer abstrakten Programma-

4.5 Fazit 4: Kultur als Erfahrung, Lernort, Zeitgliederung

tik. Genau dies ist Kennzeichen von Kultur – dass sie ihre Inhalte über konkrete Formungen und Aktivitäten im Wortsinn verwirklicht und somit Erfahren, Lernen, Kommunizieren, veränderndes Mithandeln unablässig miteinander verschränkt. Das Beispiel der Documenta zeigt, wie Kultur ihre Energie gerade aus der Komplexität bezieht und wie jede fortsetzende Aktivität dem Format selbst neue Bedeutungen einschreibt, die selbst wiederum zum Gedächtnis des Formats kondensieren und sich ihm in Sedimentschichten des Sinns einlagern. So verschränken sich Rückgriff und Vorgriff zu einer Aktivität, die nichts anderes hervorbringt als die lebendige Gegenwart des kulturellen Formates selbst.

Im Fall der Documenta hat sich diese Anlagerung immer neuer Aktualisierungen und Bezugnahmen zu einem Komplex der Bedeutungen verdichtet, der bei aller Dichte seiner internen Verweise selbst schon wieder zu einem Signet und Markenzeichen gewachsen ist. Documenta ist über den Bezug zur Gegenwartskunst hinaus zu einem Inbegriff kultureller Modernität geworden, die sich vor allem einem Neuanfang und Aufbruch nach dem Ende des Zweiten Weltkrieges verdankt. Vor allem als Rücknahme der Kultur vernichtenden Barbarei der Nationalsozialisten hat die Documenta mehr als nur ein weithin sichtbares Zeichen gesetzt – sie ist zu einem kulturellen Erkennungszeichen der jungen Bundesrepublik avanciert. Dies schließt eine Programmatik ein, die weit über Fragen der Kunst hinausgeht. Diese Programmatik meint Weltoffenheit, Toleranz, Gesprächsfähigkeit und damit alles, was die Zivilisiertheit eines Kulturstaates ausmachen sollte.

Die Analysen dieses Kapitels haben gezeigt, wie Kultur über ihre Formate in der Lage ist, Individuen in Prozesse zu involvieren – über Orte, die zu Orientierungs- und Anlaufpunkten werden, Objekte, die mit ihrer auratischen Aufladung faszinieren, Praktiken, die mit ihrem Menschen verbindenden Charakter zum Mithandeln einladen und Diskurse, die Chancen eröffnen, Erfahrung und Praxis in der Kommunikation zu bewerten, Geltungen abzuwägen und schließlich Wissensbestände auszubilden, die erinnert und weitergegeben werden können. Diese Struktur eröffnet die Möglichkeit der laufend erneuerten Bezugnahme und damit einer lernenden Sozialisierung, die in die Wirklichkeitsmodelle einer Gesellschaft im Sinn eines kollektiven Wissens einführt (vgl. Berger, Luckmann 2004). In diesem Ringschluss miteinander gekoppelter Aktivitäten, Handlungsformen, Erfahrungen und kommunikativer Akte zeigt sich die integrierende Kraft einer Kultur, die als medial abgestützte Bedeutungsproduktion verstanden wird. Das Äquivalent dieser komplexen Struktur ist in den kulturellen Formaten zu erblicken, die Bedeutungen in der Form von letztlich narrativ organisierten Zusammenhängen aufbewahren und vermitteln. Kultur erzählt – vereinfacht gesagt – Geschichten, um ihre Inhalte so anzubieten, dass sie aufgenommen, verarbeitet, behalten und tradiert werden können. Wer die Bedeutungsmuster einer Kultur erschließen will, muss sich zunächst auf ihre Konkretisierungen beziehen und deren Struktur als Symptom und Hinweis nehmen. Das Bedeutungsmuster und damit der Sinn sind Ergebnis eines Verstehens. Dieses Verstehen vollziehen übrigens nicht allein Experten der Kulturanalyse. In diesen Prozess begibt sich jeder, der an den Vollzügen von Kultur teilnimmt. Von konkreten Formen schließt er auf Bedeutungen, von vermuteten Bedeutungen aus erschließt er sich wiederum die weiteren Formen der Kultur, denen er begegnet. Auf diese Weise verstehend, auch im Sinn der Akzeptanz wie der kritischen Distanz, bewegt sich das Subjekt in einer Kultur, die als offenes Bedeutungsgeschehen der Beteiligung nicht nur offen steht, sondern diese Beteiligung sogar fordert – auch um letztlich selbst weiter existieren zu können.

Konstruktionen der Kultur 5

Dimensionen und Formate der Kultur: Im Durchgang durch diese Abschnitte ist ein Dualismus angesprochen worden, der mit den abstrakten Dimensionen und den konkreten Formaten grundsätzliche Aggregatzustände von Kultur als Bedeutungsproduktion unterscheiden hilft. Die für die vorliegende Darstellung leitende Vorstellung von Kultur sieht in ihr ein Programm, das als abstraktes Muster von Bedeutungen und Prozeduren ihrer Thematisierung vielfältige interne Verschaltungen aufweist, jedoch nicht der direkten Beobachtung zugänglich ist. Formate konkretisieren dieses Programm nicht nur, indem sie erlauben, es zu erfahren, zu lernen und zu handhaben. Sie eröffnen auch Beobachtungsmöglichkeiten. Da es im Horizont der Kultur Programme ohne konkrete Gestalt ebenso wenig gibt wie Konkretisierungen ohne Sinn, also von Übergängen zwischen Bedeutungen und ihren medialen Verwirklichungen auszugehen ist, darf die Beschreibung von Kultur nicht auf einen bloßen Dualismus oder gar Antagonismus reduziert werden. Jede in dieser Weise angelegte Unterscheidung ist heuristisch zu verstehen. Das gilt auch für den nun folgenden Abschnitt, der den Dualismus zur Trias erweitert – indem er mit den Konstruktionen der Kultur einen weiteren Bezugsrahmen aufzieht.

Das Wort Konstruktionen legt einen doppelten Sinn nahe: als Konstruktionen, die Menschen sich von Kultur machen – wie als Konstruktionen, welche die Kultur leistet. Beide Varianten sind ebenso missverständlich und überzogen wie sie auch einen wichtigen Punkt treffen. Natürlich kann Kultur keine Konstruktionen errichten. Sie ist kein Subjekt, das eigenständig handelt. Aber sie stellt eine Bedeutungswelt als Sinnhorizont her, die in mehrfachem Sinn Konstrukt ist: als erfahrbare Gestalt, als Vorläufigkeit, als individuell gezeichnete Kontur, als imaginäre Welt, die von Menschen regelrecht bewohnt werden kann. Die Menschen hingegen, die in einer Kultur wie in einem Konstrukt wohnen, konstruieren sich wiederum die Kultur – indem sie diese mit jedem Akt der Teilhabe ausformen und neu bilden. Jeder aktive Bezug zur jeweiligen Kultur zeichnet eine Konturlinie ihres Konstruktes nach, auch in dem Sinn, dass diese Konturlinien ebenso verstärkt wie modifiziert werden.

Kultur meint eine vorgefundene Welt ebenso wie ein Ensemble von Aktivitäten. Kultur ist Objektwelt wie subjektiver Vollzug, zweite Natur wie Optionalität. Dieses grundsätzliche und nicht hintergehbare Charakteristikum der Kultur spiegelt sich in der metaphorischen Rede von Kultur als Konstrukt und Konstruktion.

Wenn in diesem Kapitel von Konstruktionen der Kultur gesprochen wird, dann sollen die internen Dimensionierungen erkundet werden, die das Konstrukt Kultur aufweisen kann. Zugleich fügen sich diese Dimensionierungen zu den Abmessungen der Bedeutungswelt, die der Mensch bewohnt, von der er sich leiten lässt und die er mit seiner Teilhabe weiter gestalten hilft. Solche Dimensionierung darf nicht als bloße Hülle missverstanden werden. Sie zeichnet in Wirklichkeit Formen und Optionen der Welterfahrung als Bedeutungskonstitution vor. Damit sind spezifische Orientierungsleistungen angesprochen, die so nur von Kultur erbracht werden können. Kultur stellt Möglichkeiten bereit, die Welt und das eigene Leben als sinnhaft, weil mit Bedeutung versehen, in Gemeinschaft integriert und im Hinblick auf Zukunftsperspektive zu erfahren. Dadurch gibt sie Richtungen vor, prägt Gestaltungen aus, rückt aber auch denkbare Sinnoptionen in den Hintergrund, weil sie vorzugsweise ein bestimmtes Set geltender Optionen verwirklichen hilft. Kontur ist Gestalt und Dimension, aber auch Grenze – erst recht dann, wenn es um die Kultur und ihre imaginäre Welt geht.

In diesem Abschnitt sollen einige grundsätzliche Konstruktionen der Kultur als Dimensionierungen angesprochen und entwickelt werden. Damit wird deutlich, dass Kultur Bedeutungen entfaltet, indem sie ihnen eine spezifische Gerichtetheit ebenso zuweist wie individuell unterschiedlich ausgeprägte Abmessungen. Wenn im Zuge der Darstellung wiederum mit Gegensatzpaaren gearbeitet wird, dann geht es um mehr als die Frage der Anschaulichkeit. In Gegensätzen justiert sich auch der Sinn einer Kultur. „Der verfremdete Blick ist allemal der geschärftere" (Garber 2006: 21). Diese Einsicht verweist auf die Eigenheit von Kultur, in ihren Dimensionierungen jede Setzung mit ihrem potenziellen und deshalb vorstellbaren Gegenteil zu konfrontieren und so den Blick dafür zu sensibilisieren, wie Sinnsetzungen ausgeprägt werden können.

Gegensätze sind in diesem Kontext nicht nur als latente Kontraste zu denken. Sie werden im Rahmen der Kultur auch verwirklicht – als Polaritäten, in deren Widerspiel sich Bedeutungen überhaupt herausbilden können. Die Einsicht, dass Kultur Fremdheit nicht nur als auf Distanz gehaltenes Außen kennt, sondern sie immer schon als dynamisierendes Gegengewicht in ihrem eigenen Inneren mit erzeugt, hat genau hier ihren Platz. Die Polarität der Andersheit erlaubt interne Lastwechsel und einen Umschwung in der Bewegungsrichtung der Sinnproduktion. Damit sind Dynamiken angedeutet, die hier viel mehr im Vordergrund stehen als jeder statisch erscheinende Dualismus. Genau dieses Verständnis leitet das Verfahren an, mit dem in den nächsten Abschnitten grundsätzliche Dimensionierungen von Kultur als ihre Konstruktionen angesprochen werden. Dass sich dahinter auch spezifische Leistungen von Kultur verbergen, muss hier nicht weiter unterstrichen werden. Gerade in ihren Dimensionen wird Kultur als besonders leistungsfähig erfahrbar.

Die in diesem Kapitel entfalteten Dimensionen von Kultur sind paradigmatisch zu verstehen. Es geht um eine prägnante Auswahl, nicht um Vollständigkeit. Die Beispiele werden durchgehend anhand der Varusschlacht illustriert und damit konkretisiert. Das historische Ereignis der katastrophalen Niederlage römischer Legionen gegen germanische Kämpfer im Jahr 9 nach Christus (vgl. Moosbauer 2009) interessiert dabei als Paradigma einer rückwärts gewandten Konstruktion von Erinnerung und Identität mit erheblichem Zukunftspotenzial, mithin als Artefakt kultureller Aktivität. Damit kommen Forschungen zum historischen Ereignis ebenso in den Blick, wie Debatten um den Ort der Schlacht, die Museumsgründung 2002 in Bramsche-Kalkriese bei Osnabrück, die einschlägige Rezeptionsgeschichte und die Ausstellung „Imperium, Konflikt, Mythos" von 2009 als Spiegel und Neuentwurf der beziehungsreichen Gesamtthematik.

5.1 Dimension der Zeit: Erinnern und Entwerfen

Kultur ist immer eine Frage der Vergangenheit, in ihrer Rückwärtsgewandtheit unausweichlich stets „Erinnerungskultur" (Baecker 2001b: 514). Vergangenheit muss deshalb ihre zentrale Dimension sein, weil sich Kultur aus überlieferten Beständen konstituiert und nur so dem Menschen als objektivierte Welt von eigenem Recht entgegen treten kann. Kultur bildet sich als sedimentierte, allerdings auch strukturierte Vergangenheit. Vergangenheiten werden in Kultur niemals nur als bloße Zeiterstreckung sichtbar. Dies würde auf einen Abbildcharakter von Kultur hinauslaufen. Kultur repräsentiert zwar die Vergangenheit, ist aber niemals bloß ihr neutrales Behältnis. Kultur überführt sie in Konstrukte der Erinnerung. Das setzt Auswahl voraus – und eine Aktivität, die Historie thematisiert und sich dabei von Intentionen leiten lässt, die selbst nicht zur Vergangenheit, sondern zur Gegenwart gehören und über diese Gegenwart hinaus der Zukunft zugewandt sind. „Vergangenheit entsteht nicht von selbst, sondern ist das Ergebnis einer kulturellen Konstruktion und Repräsentation" (Assmann 2007: 88). Diese zentrale Einsicht führt Kultur über bloßen Vergangenheitsbezug hinaus in die Gegenwart und macht sie damit zu einem Phänomen, dessen Operationen ständig auf einer Zeitachse ablaufen. Und dies in gegenläufige Richtungen, Begegnungspunkte eingerechnet.

Kultur bewahrt Vergangenheit als retrospektives Konstrukt (vgl. Erll 2003: 172), um die Gegenwart gewinnen und die Zukunft gestalten zu können. In dieser Perspektive entfalten Traditionsbestände eine bestimmende Kraft, weil sie Themen fokussieren, Objekte und Orte als wertbesetzt herausheben, Diskursen ihre Kontur geben, mit einem Wort, indem sie Bedeutungen prägen helfen. Das Gedächtnis einer Kultur ist folgerichtig niemals nur ein nach dem Prinzip der Addition aufgebautes und immer weiter angereichertes Archiv, sondern als Sortiermechanismus (vgl. Luhmann 1998: 588) ohnehin wohl eher ein Operationsmodus als ein Behälter. Dieser Modus richtet sich nach den Profilen aus, die er selbst als spezifisches Gedächtnis konturiert hat, und nach den Impulsen einer Gegenwart, die unentwegt Zukunft gestalten möchte. Erinnert wird, was sich auf den Menschen und seine Probleme bezieht (vgl. Kracauer 1977: 24f.) und durch wiederholende Repräsentation bedeutsam geworden ist. Das kulturelle Gedächtnis besitzt seine eigene Trägheit und zur gleichen Zeit die Fähigkeit, die Routinen seiner Operationen zu befragen und entsprechend zu verändern. Zur Struktur des Gedächtnisses gehört untrennbar seine Reflexivität, die es befähigt, die eigenen Bestände anders als bisher zu konfigurieren. Als reflexive Leistung (vgl. Luhmann 2008: 549ff.) umgreift Erinnerung auch die Fähigkeit des Vergessens (vgl. Garber 2006: 22), die nichts anderes meint als das Aussortieren all dessen, was in der Gegenwart den kommunikativen Anschluss und damit die tätige Vermittlung nicht mehr zu lohnen scheint – Rückholgarantie mit inbegriffen.

Es gehört zu den erstaunlichen Qualitäten von Kultur, vergessene und damit scheinbar unwiederbringlich verlorene Gedächtnisbestände doch wieder aktivieren zu können. Dies gelingt natürlich nur, wenn kommunikative Anschlüsse in der jeweiligen Gegenwart plausibel erscheinen – etwa bei veränderten Themenstellungen, auf die mit Erinnerungsroutine und Diskursritual nicht mehr angemessen reagiert werden kann. In diesem Fall sind jedoch Bestände reaktivierbar, die noch kurz zuvor außerhalb des Horizonts zu liegen schienen. Das Gedächtnis einer Kultur weist also nicht nur Konturen im Sinn von deutlich markierten Schwerpunktsetzungen auf. Es verfügt auch über die Möglichkeit, sein Profil zumindest zu modifizieren und zu jeder Zeit die Option offen zu halten, neben dessen Hauptwegen auch Nebenwege begehbar zu machen. Schärfer formuliert: Innerhalb des kulturellen Gedächtnisses ist es möglich, den Einwand ausgeschlossener Möglichkeiten gegen wahrgenommene Möglichkeiten zu formulieren (vgl. Baecker 2001a: 81). Dies erweitert den kulturellen Operationsmodus namens Gedächtnis um Ebenen einer permanent mitlaufenden Selbstbefragung. Das Gedächtnis sortiert insofern nicht allein unablässig den historischen, potenziell der Erinnerung werten Stoff, sondern evaluiert auch die eigenen Arbeitsvorgänge. Das Gedächtnis imprägniert

5.1 Dimension der Zeit: Erinnern und Entwerfen

sich in diesem Sinn immer wieder neu (vgl. Luhmann 2008: 549ff.), indem es auf kommunikative Anschlüsse reagiert.

Speicher, Sortiermechanismus, kommunikative Anschlüsse: Solche, teilweise metaphorisch aufgeladenen Begriffe entfernen das Gedächtnis auf den ersten Blick von sozialer Praxis. Sie machen das Gedächtnis zu einer scheinbar unabhängig operierenden Maschine. Sofern Gedächtnis kulturell genannt werden soll, muss es das auch sein. Natürlich wirken aber auch soziale Praktiken auf das kulturelle Gedächtnis ein. Praktiken aktualisieren seine Bestände, indem sie diese zum Teil einer lebendigen Gegenwart und ihrer Vollzüge machen. Das hier zur Rede stehende Gedächtnis kann jedoch nur dann kulturell genannt werden, wenn es den Bezugsrahmen der sozialen Praxis übersteigt (vgl. Assmann 2007: 50ff.). Kommunikation stellt als wesentliches Element sozialer Praxis selbst Erinnerung her und entfaltet damit eine Gedächtnis bildende Kraft. Aber dieses Gedächtnis muss sich auf immer neue soziale Vollzüge stützen, um überhaupt weiter bestehen zu können. Es umgreift entsprechend nur den Horizont weniger Generationen und ist auf personale Träger entscheidend angewiesen. Das kulturelle Gedächtnis organisiert Erinnerung anders – über externe Speicherformen, die unabhängig von sozialen Praktiken Bestand haben, im Verein mit ihnen und ihrer aktualisierenden Potenz jedoch erst ihre gegenwärtige Energie entfalten. Ein nahe liegendes Beispiel für solche Speicherformen sind Bibliotheken mit einem in ihnen verwahrten Korpus von Texten, der zum kollektiven Medium eines Gedächtnisses an ganze Generationen avanciert (vgl. Garber 2006: 27).

Im kulturellen Gedächtnis gerinnt Vergangenheit zu „symbolischen Figuren" (Assmann 2007: 52), nimmt eine feste Form an, die wesentlich durch Speichermedien definiert wird. Da es in der als Bedeutungsproduktion verstandenen Kultur keine Trennung von Themen und ihrer medialen Vermittlung gibt, ist in diesem Punkt entscheidend davon auszugehen, dass Themen, Medien und Bedeutungen eine Trias von Faktoren bilden, die unauflöslich miteinander verbunden sind. Im Kontext des kulturellen Gedächtnisses können ausgewählte Artefakte regelrechte kulturelle Energiekonserven sein (vgl. Erll 2003: 162). Sie entfalten ihre Bedeutung jedoch nur im Rahmen ihrer medialen Möglichkeiten und insofern, als sie wiederum in sozialen Praktiken ihren Platz einnehmen können. Erst der Ringschluss von thematischer Fokussierung, medialer Darbietung, externer Speicherung und sozialer Praxis führt dazu, dass Potenziale aktualisiert und entfaltet werden können. Dabei werden auf der Zeitachse einer Kultur denkbar weite Distanzen zurückgelegt. Denn Produktion von Bedeutung operiert mit Inhalten, die schon seit sehr langer Zeit bereit liegen können. Ihre Konservierung übernehmen Artefakte aller Art, Orte, Objekte, Rituale. Deren Geformtheit bildet als eigenständiger Sinn einen Gegenpol zu den flexiblen Abläufen sozialer Praxis mit all ihren Zufälligkeiten und Inkonsequenzen. Objektivationen haben konservierende Funktion – indem sie durch ihre bloßes Dasein das Verfließen der Zeit und mit ihm die Wechselfälle des fahrlässigen Vergessens dementieren und den wiederholten kommunikativen Rückbezug auf Bedeutungsgehalte erlauben, die sich einer selbstverständlichen Aneignung erst einmal versperren. Mit Objekten werden Bedeutungen neu entdeckt. Sie werden aufgesucht, indem man sich an bestimmte Orte begibt. Oder erlebend gelernt, wenn Menschen sich in den Vollzug von Ritualen eingliedern. Im Kapitel über Formate der Kultur ist bereits auf einen Punkt hingewiesen worden, der auch hier entscheidend ist: Kultur wird immer gleichzeitig gespeichert und angeeignet, konserviert und aktualisiert. Auslagerung in externe Speicherkapazitäten befähigt das kulturelle Gedächtnis jedoch dazu, weite historische Räume und eventuelle kulturelle Abbrüche zu überbrücken. Bedeutungen, die in Objekte eingelagert sind, sich mit Orten verbinden oder an Praktiken hängen, die vorübergehend nicht mehr nachvollzogen werden, können auch unabhängig von sozialer Praxis überdauern. Dies setzt allerdings die Kontinuität einer materiellen Bewahrung von Speichermedien voraus. Durch Kriege verursachte Verluste fügen dem kulturellen Gedächtnis immer wieder irreparable Schäden zu (vgl. Garber 2006: 10).

Solche Katastrophen ereignen sich auch in der unmittelbaren Gegenwart. Der Brand in der Weimarer Anna Amalia-Bibliothek, der Einsturz des Kölner Stadtarchivs, die gezielte Zerstörung von Kulturdenkmälern in den Bürgerkriegen des ehemaligen Jugoslawiens oder die Plünderung der Museumssammlungen Bagdads in Folge des Irak-Krieges mögen für sich genommen kaum vergleichbare Ereignisse sein. Sie konvergieren jedoch in einem Punkt: Der Verlust von Kulturgut hat schmerzlich deutlich werden lassen, wie verwundbar ein kulturelles Gedächtnis ist, dass sich auf externe Speicher verlegen muss, um seine Leistungsfähigkeit entscheidend steigern zu können. Der Verlust von Kulturgütern versperrt Optionen erneuter Aneignung und beraubt Gegenwart und Zukunft einer Kulturgemeinschaft um Möglichkeiten, sich ihrer Identität inne zu werden – auch im Sinn eines produktiven Umbaus. Wie sensibel dieser Zusammenhang ist, beleuchtet auch der Roman „Fahrenheit 451" von Ray Bradbury (Bradbury 1981), in dem die Feuerwehr Brände legt, um Buchbestände zu vernichten. In der negativen Utopie dieses 1966 von François Truffaut mit Julie Christie und Oskar Werner in den Hauptrollen verfilmten Romans über eine Gesellschaft, in der das Lesen als subversive Tätigkeit verboten ist, werden mit den Büchern Speichermedien vernichtet. Der Akt des Widerstands besteht darin, das materielle Medium durch menschliche Medien zu ersetzen: In einer geheimen Gemeinschaft von Menschen, die sich dem verordneten Gedächtnisverlust entziehen, hat jedes Mitglied ein Buch auswendig gelernt, das es unablässig memoriert. In Bradburys Roman wird das menschliche Individuum zum Text- und damit Überlieferungsträger – eine riskante Konstellation, weil mit dem Tod eines Menschen auch ein wertvoller Text unweigerlich dem Vergessen anheim fällt.

Die Gedächtnisbildung ruht auf dem grundsätzlichen Vergangenheitscharakter von Kultur auf – und verdankt sich im gleichen Augenblick entscheidend der jeweiligen Gegenwart. Wenn Gedächtnisbildungen selbst kulturelle Strukturierungsleistungen sind, dann beruhen diese auf Entscheidungen einer Gegenwart. Kulturelle Speicherung wird von Interessen gesteuert. Auch wenn das kulturelle Gedächtnis selbst mit seinen Schwerpunktbildungen Präferenzen dafür vorprägt, bestimmte weitere Bestände einzulagern – die fortsetzende Arbeit an seiner Kontur und Struktur wird auch durch das gesteuert, was in der jeweiligen Gegenwart vorgeht: Konflikt und Konsens, Option und Interesse. Gegenwarten befinden über das, was in der Zukunft möglichst erinnert werden soll. Zugleich stellen sie sich der Dominanz, die das Gedächtnis durch das Gewicht seiner Tradition ausübt. Gedächtnisse unterliegen dem Einfluss von Gegenwarten. Sie steuern diese aber auch durch die Prägkraft ihrer jeweils anders gelagerten Struktur. Gedächtnisbestände sorgen dafür, dass bestimmte Bedeutungskonstruktionen als Lösungen erscheinen müssen, die vorzuziehen sind. Neben diesem gleichsam dialektischen Verhältnis von Alt und Neu existiert jedoch auch die Möglichkeit, Bestände des kulturellen Gedächtnisses explizit gegen die Gegenwart in Stellung zu bringen – nämlich dann, wenn die Erinnerung verschüttete Optionen aufscheinen lässt. Das Gedächtnis hält dann vorab geprägte Formen des Protestes gegen die eigene Gegenwart bereit, weil es an das erinnert, was eine jeweilige Gegenwart mit ihren Handlungsroutinen und Diskursschablonen ausschließt (vgl. Assmann 2007: 85). Das kulturelle Gedächtnis avanciert auf diese Weise zum Reservoir für Protestinitiativen.

Das zu Beginn dieses Kapitels angeführte Beispiel der Varusschlacht verdeutlicht die hier zunächst in abstrakter Form ausgeführten Gedanken in besonders instruktiver Weise. Denn es macht zwei Aspekte klar, die für jede Diskussion des kulturellen Gedächtnisses grundlegend sind: seine Konstruktivität und seine Funktionalisierung für Interessenlagen in der Gegenwart. Die Varusschlacht umfasst beide Themen – als Musterbeispiel einer retrospektiv anhand schmaler Indizienlage konstruierten Vergangenheit und als Paradigma einer mythisch brisant aufgeladenen Erinnerungskultur. Dabei sind beide Aspekte – die archäologische Erforschung der Historie wie auch die Umformung des Geschehens zum Geschichtsmythos – in der Form gegenseitiger Aufladungen wie Abgrenzungen untrennbar miteinander verbunden. Die Varusschlacht meint von daher immer beides: Die katastrophale Niederlage der von P. Quintilius Varus geführten römischen Legionen gegen die von Arminius vereinigten Germanen im Jahr 9 nach Christus (vgl. Derks 2009) und die Zurichtung des im Nebel der Geschichte entschwundenen Geschehens zu einem in den Konflikten der Gegenwart bestens zu instrumentalisierenden Mythos vom angeblichen Freiheitskampf der als erste Deutsche verstandenen Germanen gegen die Fremdherrschaft der römischen Weltmacht (vgl. Bendikowski 2008: 129ff.). Wo die antike Schlacht zum Kampf der Kulturen (vgl. Huntington 2002) überhöht erscheint, wird sie zur Blaupause künftiger Konflikte, die nach einem Muster inszeniert werden, das man vom antiken Kampfgeschehen legitimiert glaubt. Die Varusschlacht ist ein Musterbeispiel dafür, dass Erinnerung nicht präzise konturiert sein muss, um für die Gegenwart in höchstem Maß wirkungsmächtig sein zu können. Im Gegenteil: Gerade die Unschärfe der Überlieferung ermöglichte überhaupt erst die Kreation eines Geschichtsmythos, der zur scharfen Waffe im ideologischen Konflikt taugte. Das 1875 bei Detmold errichtete Hermanns-Denkmal (vgl. Bendikowski 2008: 156–183) bezeichnet den zum Bild geronnenen Kulminationspunkt einer Mythenbildung, die aggressive Handlungsanleitungen für die Gegenwart bereit stellte. Hermann als Recke mit Flügelhelm und erhobenem Schwert: In diesem Bild findet die rabiate Wendung gegen vermeintliche Feinde der mühsam errungenen deutschen Einheit unter europäischen Mächten wie unter innenpolitischen Gegnern ihren Bild gewordenen Ausdruck. Das Hermanns-Denkmal wird zum wirkungsmächtigen Inbegriff einer zur ewigen Siegerpose erstarrten nationalistischen Haltung.

Hermann der Cherusker: Die Existenz dieser Geschichtsfiktion eines neuen Heilands der nationalen Befreiung entwickelt sich seit der um die Mitte des 15. Jahrhunderts anzusetzenden Wiederentdeckung der antiken schriftlichen Quellen, die von der Varusschlacht berichten (vgl. Derks 2009: 41). Der Fund der „Annalen" des Tacitus verweist auf vergessene Gedächtnisbestände, die sich als brisant erweisen. Denn die Schlacht taugt zum frühen Ankerpunkt einer stets als defizitär empfundenen nationalen Identitätsbildung. Auf den Trümmern einer löchrigen Überlieferung erhebt sich ein Gebäude aus politisch motivierten Fiktionen. Das Beispiel der alsbald zur Hermannsschlacht umgedeuteten Varusschlacht macht deutlich, welch machtvolle Handlungsanweisungen ein Gedächtnisbestand für die Gegenwart haben kann. Die Erinnerung als Wiederholungszwang: Diese Struktur kennzeichnet die ganze Geschichte des Mythos um den Anführer der Germanen.

Die Gedächtnisbildung rund um das Thema Varusschlacht beeindruckt durch seine lang andauernde Wirkung und durch ihren in erheblichen Bestandteilen fiktionalen Charakter. Diese Konstellation verändert sich erst in dem Moment, als der Hermann-Mythos nicht nur aus der Mode kommt, sondern auch nicht mehr opportun erscheint. Nach 1945 sind aus ehemaligen Kriegsgegnern Verbündete, ja Freunde geworden. Damit erübrigt sich überhaupt jede Geste der aggressiven Abgrenzung, die kulturelle Differenzen in diskriminierender Weise thematisiert. In den Zeiten von europäischer Einigung und transatlantischem Verteidigungsbündnis verliert die Figur Hermanns rapide an Faszinationskraft. Der Mythos zerbröckelt jedoch erst in dem Augenblick, als damit begonnen wird, das historische Geschehen neu zu erforschen. Es ist hier nicht der Ort, die seit Ende der achtziger Jahre einsetzenden intensiven Grabungen am wahrscheinlichen Ort der Varusschlacht in Bramsche-Kalkriese (vgl. Moosbauer, Wilbers-Rost 2009) und die Errichtung eines der Schlacht gewidmeten Museums im Jahr 2002 in allen Details nachzuzeichnen. Der Prozess steht jedoch für eine intensive Revision der Vergangenheitsbilder, die zum Thema Varusschlacht vorlagen. Die komplizierte und lückenhafte Fundlage (vgl. Moosbauer 2009: 76–98) zwingt nicht nur zu einer versachlichten Betrachtung des historischen Geschehens. Diese und weitere Forschungen lassen darüber hinaus die Vorstellung von einem politisch motivierten Freiheitskampf der Germanen gegen römische Besatzer als ausgesprochen unwahrscheinlich erscheinen. War der Aufstand am Ende nicht mehr als ein schlichter Raub- und Beutezug? Die provokante Frage zielt auf mögliche andere, nachträglicher Idealisierung ganz und gar zuwider laufende Lesarten des Konflikts.

Der Umgang mit der Varusschlacht ist ein Musterbeispiel – auch für den Aufbau ganz unterschiedlicher Gedächtnisstrukturen zu einem Thema. Das Beispiel zeigt, wie Gedächtnisstrukturen Einstellungen in der jeweiligen Gegenwart steuern können. Es macht aber auch deutlich, in welchem Maße ein Gedächtnis ausgehend von Interessenlagen gebildet wird – und in welcher Weise es möglich ist, dieses Gedächtnis selbst zum Thema zu machen und es im Licht frischer Erfahrung neu durchzuarbeiten.

5.2 Dimension des Raumes: Nähe und Ferne

In dem bereits zitierten Roman „Fahrenheit 451" (Bradbury 1981) flieht der Protagonist Guy Montag am Ende der Erzählung zu den „Buchmenschen". Am Rande einer durch Massenmedien manipulierten Gesellschaft leben sie als leibhaftige Überlieferungsträger: Jedes Mitglied der Gemeinschaft hat ein Buch auswendig gelernt, um dessen Text nach Verlust der Bücher für die Nachwelt zu retten. Die negative Utopie dieses Romans wird nicht allein durch die totale Herrschaft der Massenmedien akzentuiert, welche die Bewohner dieser geistig verödeten Welt wie Drogen konsumieren. Den wirkungsvollen Kontrast bildet die buchstäblich, weil auch räumlich an den Rand gedrängte Kultur. Ihr Refugium ist nicht allein durch den Verlust der vernichteten und als Speichermedien unersetzlichen Bücher auf ein permanent gefährdetes Minimum reduziert. Die Kultur sieht sich auch räumlich an den Rand gedrängt. In dem Reservat der „Büchermenschen" ist zwar der Druck der massenmedialen Bewusstseinswäsche nicht mehr zu spüren, dafür fristet jedoch die durch die Bücher symbolisierte Kultur eine Existenz in der Peripherie, während im Zentrum der in dem Roman entworfenen illiteraten Gesellschaft die geistlosen Bildschirmmedien völlig dominieren. Das Zentrum dieser Welt ist durch all das besetzt, was Kultur verdrängt: In dieser Unterscheidung von dominanter, weil zentraler Stellung und peripherer, also machtloser Randstellung kulminiert die Kulturkritik des Romans.

Mit der Unterscheidung von Zentrum und Peripherie kommen räumliche Bezugspunkte ins Spiel, die geeignet sind, Kultur und ihre Situierung zu beschreiben. In ausdrücklicher Absetzung von den ideologisch prekär aufgeladenen und in aggressiver Absicht instrumentalisierten Raumkonzepten der Nationalsozialisten (vgl. Bachmann-Medick 2006: 286) entdeckt die Kulturbetrachtung Raumdimensionen als Konzepte von Bedeutungsentwürfen. Diese Dimension ergänzt als gleichsam horizontale Orientierung die vertikale Achse, die mit der Dimension der Zeit jeder Kultur eingeschrieben ist. Zeit ist der Kultur selbst inhärent – als Sedimentierung von erinnerten Erfahrungsschichten. Zur gleichen Zeit besitzt schon die Kultur selbst ihre räumliche Dimension. Denn sie orientiert sich nicht allein an einem *Nach*einander in der Zeit, sondern auch an einem *Neben*einander im Raum – dem ihrer eigenen Ausdehnung. Als Struktur von Bedeutungskomplexen besitzt jede Kultur ihre zentral relevanten Bestände und daneben andere Bestände, die einen weniger herausgehobenen Stellenwert besitzen. Diese Themen, Prozeduren, Werte oder Interpretationen markieren eher die Nebenwege im Geflecht der jeweiligen Kultur. Sie sind vom Zentrum ausgehend in einer kontinuierlich abflachenden Relevanzabstufung zu betrachten, erfüllen womöglich für die zentral relevanten Themen- und Interpretationsstrukturen der jeweiligen Kultur eine lediglich unterstützende Funktion. Manche dieser Bestände mögen gleich ganz randständig sein – als kaum genutzte Optionen. Von ihrem Erhalt hängt gleichwohl die Vitalität des ganzen Bedeutungsgeflechtes mit ab. Und dass nicht nur, weil sich auch Zentren nur im Kontrast zu Peripherien überhaupt ausmachen lassen. Die Unterscheidung von Zentrum und Peripherie ist ohnehin nicht statisch zu verstehen. Ihre Positionen wechseln immer wieder. Im gleichen Augenblick verschieben nachgelagerte Praktiken und Operationen ihre Position und Wertigkeit. Das System der Kultur weist flexible Kopplungen auf.

Über diese internen Raumdimensionen hinaus perspektiviert Kultur Vorstellungen von Räumlichkeit, setzt Nähe und Ferne gegeneinander ab. Zunächst einmal stellt sich jede Kultur selbst insofern in den Mittelpunkt, als sie ganz selbstverständlich ein Phänomen der Nähe ist. „Fast jede Kultur sieht sich selbst im Zentrum und organisiert den Rest der Welt von diesem Zentrum aus" (Maurer 2008: 165). Kulturen positionieren sich selbst, indem sie für sich eine zentrale Stellung einnehmen und andere Kulturen scheinbar selbstverständlich abwerten. Ferne Kulturen sind dann entweder „barbarisch", so die Lesart der antiken Welt, oder „primitiv", wie die Sprachregelung lautete, die mit dem Kolonialismus etabliert wurde. Kulturen als Ausstellungswelten in Völkerkundemuseen – genau diese Praxis verdankt sich einer Unterscheidung von Nähe und Ferne mit fatalen Konsequenzen für kulturelle Selbstverständnisse. Das in derart einfache Wertsetzungen übersetzte Raumkonzept der Kultur mündet in schlichte Unterscheidungen, die in der Konsequenz zu Verkennungen und zu einem gewaltsamen Streben nach Dominanz führen.

In solcher Konstellation lauert nicht allein die Gefahr der Ungerechtigkeit gegenüber Eigenart und Wert der fernen Kultur. Es droht auch eine Selbsttäuschung über Struktur und Reaktionsweisen der eigenen Kultur. Da Nähe und Ferne relationale Begriffe sind (vgl. Assmann 2006: 160), löst nicht nur jeder Kontakt mit der fremden Kultur unweigerlich Veränderungen in der eigenen, also nahen Kultur aus. Damit schwindet Vertrautheit. Im Gegenzug wächst in der eigenen Kultur das Potenzial der Fremdheit. Die eigene Kultur kann sich so, zumindest partiell von einem Phänomen der Nähe zu einem der Ferne verändern. Diese Erfahrung bedeutet nichts anderes, als Formen der Fremdheit in den eigenen, also vertrauten kulturellen Konzepten zu entdecken. Dies kann ebenso positiv wie negativ gesehen werden. In negativer Sicht erscheint das Erlebnis kultureller Fremdheit innerhalb des vertrauten Nahbereichs als verunsichernde Gefährdung. Positiv wendet diese Erfahrung derjenige, der in ihr Chancen für kritische Selbstreflexion und produktiven Neuentwurf der eigenen kulturellen Konzeptionen erkennt. Das in diesem Buch entwickelte Kulturverständnis favorisiert die optimistische Lesart dieser Konstellation. Nähe und Ferne von Kulturen stehen für eine Abstufung von Vertrautheit – und für die Chance, fremde Kultur wenigstens teilweise zum Bestandteil eigener kultureller Konzepte machen zu können. Vor allem Künstler setzen auf die befreiende Wirkung dieser Konstellation. Der Kontakt mit fremder Kultur wird dann als belebende Herausforderung verstanden, die geeignet ist, eigene Sinnorientierungen und Bedeutungskonstrukte innovativ zu verändern. Exemplarisch haben dies Künstler der heraufziehenden Moderne vorgeführt. Die Maler der Dresdner „Brücke" setzten sich ebenso wie der junge Pablo Picasso mit afrikanischer Plastik auseinander. Reisen in die Südsee gehörten für Maler wie Paul Gauguin oder Emil Nolde zu den großen inspirierenden Erlebnissen – Enttäuschungen mit inbegriffen. Denn der Kontakt mit fernen, also vermeintlich unverformten Kulturen führte zu deren unweigerlicher Veränderung durch Einflüsse westlicher Zivilisation. Wer in der Ferne Erlösung von der als zu eng empfundenen eigenen Kultur erhofft hatte, trug meist selbst zur Verformung des vermeintlichen Paradieses bei. Kontakt als Kontamination: Dieses Motiv gehört zum inzwischen vertrauten, traurigen Repertoire des kulturellen Austausches. Spätere Reisende, vor allem Ethnografen, fanden später nur noch eines: „Traurige Tropen" (Lévi-Strauss 2008).

Inzwischen scheint diese Konstellation restlos in die Vorgeschichte aktuellen kulturellen Lebensgefühls abgesunken zu sein. Die auch mit kulturellen Dimensionen versehene Globalisierung hat die Differenz von Nähe und Ferne nachhaltig relativiert. Westliche Unterhaltungs-, Pop- und Konsumkultur ist als mediales Phänomen längst in entfernte Weltgegenden transportiert worden und wird auch dort immer mehr als Bestandteil des eigenen kulturellen Nahbereichs empfunden. Stattdessen rücken Elemente der kulturellen Tradition auf Abstand. Sie werden selbst zu fernen und damit unweigerlich fremden Phänomenen. Abgesehen von einem kulturkritischen Lamento über drohende Uniformisierung ist der angesprochene Prozess als Faktum anzuerkennen, das Unterscheidungen von Nähe und Ferne in der Kultur neu gewichtet. Der einst dramatische Abstand zwischen den beiden Polen schwindet – zumindest was die räumliche Distanz angeht. Zugleich bauen sich andere Abstände auf. Fern liegt nun das, was früher in den eigenen kulturellen Nahbereich ganz selbstverständlich gehörte: kulturelle Praktiken, Wissensbestände, Rituale, kurz, Traditionen. Dieser Vorgang muss nicht unumkehrbar bleiben. Das kulturell fern Liegende lockt – als Alternative zu schematisierten Gewohnheiten. Die Expedition führt nicht mehr in abgelegene Weltregionen, sondern viel eher in Archive oder Bibliotheken. Dort wartet dann, was zu einem Phänomen der Ferne geworden ist. Ob die kulturelle Praxis des Lesens kohärenter Texte eines Tages genau zu dem gehören wird, was wieder zu entdecken und anzueignen ist?

Abseits solcher Spekulation gilt es, weitere Konzepte von kulturell gefasster Räumlichkeit zu benennen. Räume werden nicht nur nach den Kategorien von Nähe und Ferne unterschieden. Sie bieten sich auch selbst als Aggregatzustände kultureller Bedeutungsproduktion an – als Schauplätze von Praktiken und Orten der Bedeutsamkeit, etwa als Stätten der Erinnerung oder Situierung bestimmter Erlebnisformen. Diesen Aspekt weisen vor allem die Metropole (vgl. Assmann 2006: 152ff.) und die Landschaft (vgl. Lüddemann 2009a) als Verwirklichungen auf. Diese und andere Schauplätze stehen dabei für durchaus konträre Erfahrungsformen und die ihnen zugeordneten Blickweisen und Bewegungsarten. Die Metropole kann als Chance wie als Gefährdung erlebt werden. Als Ort bietet sie scheinbar ein Abbild der Kultur selbst. Sie ist reich strukturiert, bietet unermesslich viele Anregungen, aktiviert die Menschen, die sich in ihr bewegen und erschöpft sie zur gleichen Zeit auch. Die Erfahrung der Großstadt ist vom Anbeginn ihres Erscheinens an eine der Beschleunigung, zugleich aber auch der drohenden Desorientierung. Die Metropole bietet Schauplätze der Kultur an, versammelt das reiche Personal ihrer Akteure und schafft einen Lebensmodus der ständigen Bewegtheit und Aufnahmebereitschaft, der allerdings auch die Fähigkeit zum baldigen Vergessen umschließt. Metropolen sind Kraftwerke und Durchlauferhitzer der Kultur. Zu ihrer Funktion gehört es, Kultur in disparater Weise erfahrbar zu machen. Auf der einen Seite bieten sie einer

Anregungs-, Informations- und Gesprächskultur den denkbar besten Schauplatz. Auf der anderen Seite wecken sie das beunruhigende Gefühl, Kultur nur noch als bloße Oberfläche zu erfahren. Zur Metropole gehört das Erlebnis der kulturellen Entfremdung und der Flucht aus ihrem Sog. Zu ihrem Lebensgefühl passt die Bewegungsweise des Flaneurs, der sich durch die Szenerie der Metropole bewegt und ihre Schauplätze als bedeutsame Signale und damit als Zeichen zu lesen versteht. Der Flaneur repräsentiert den unablässig wandernden Blick – und eine ebenso locker schweifende wie Beobachtungsphänomene verknüpfende Auffassungsweise.

Nicht nur Metropolen, auch Landschaften können „als Ganze in den Rang eines Zeichens erhoben, das heißt semiotisiert" (Assmann 2007: 60) werden. Dafür müssen sie allerdings überhaupt erst als Landschaften konstituiert, also durch den strukturierenden Blick des Menschen aus dem endlosen Kontinuum der Natur herausgelöst werden (vgl. Lüddemann 2009a: 17). Dieser Blick ist unweigerlich kulturell verfasst. Er trägt die Idee der Landschaft gleichsam an die Natur heran: als Erwartung, Sinnsuche, Schönheitsideal. Landschaften erhalten genau dadurch ihre Färbung. Sie avancieren zu Rückzugsräumen wie zu begehbaren Gemälden, können zum Kultstück werden oder als Inbegriff einer Gegenwelt kulturelle Funktion gewinnen. Viele Landschaften – etwa die Toskana oder die Provence – sind längst zu touristisch verwertbaren Marken ausgemünzt, andere werden erst entdeckt und bleiben „Geheimtipp". Diese Unterscheidung macht klar, dass Landschaften zum Klischeebild gerinnen oder als Versprechen auf Authentizität zum Inbegriff eines ganz anderen Lebens werden können. In jedem Fall fällt ein ästhetischer Blick auf die Landschaft, der sie als Struktur wahrnimmt, sie in Vorder- und Hintergrund unterteilt, Bäume, Felsen oder freie Flächen als gliedernde Elemente auffasst. Zu einer solchen Struktur gehört eine fassbare Gesamtgestalt ebenso wie die Existenz diffuser Randbereiche und Übergänge in das, was nicht mehr Landschaft genannt wird. Zentrum und Peripherie und die zu ihnen gehörenden Übergänge kehren als konstituierende Elemente räumlicher Orientierung beim Phänomen Landschaft wieder. Der Blick, den der Betrachter auf diese Struktur wirft, ist doppeldeutig. Er kann von einem festen Standort aus auf die Landschaft wie auf ein gerahmtes Bild gerichtet werden. Der Blick kann allerdings auch der des Wanderers sein. Dann bewegt sich der Blick durch das Raumkontinuum der Landschaft, erfährt ihre Gestalt als Wechsel der Ansichten, als eine sich kontinuierlich wandelnde Szenerie.

Solche ästhetisch geprägten Erlebnisse hält der mutmaßliche Ort der Varusschlacht unweit von Osnabrück hingegen nicht bereit. Das für dieses Kapitel eingeführte Beispiel macht dafür auf besonders instruktive Weise deutlich, wie Orte selbst zum kulturellen Bedeutungsträger werden können – vor allem dann, wenn es bereits ein assoziativ hoch aufgeladenes Bedeutungskonstrukt gibt, für das ein Schauplatz erst noch gesucht werden muss. Gleich 700 Orte sind als mögliche

Schauplätze der Varusschlacht diskutiert worden (vgl. Derks 2009: 54). Seitdem eine ganze Reihe stichhaltiger Argumente dafür sprechen, dass der Ort der verheerenden Schlacht in Bramsche-Kalkriese zu suchen ist (vgl. Moosbauer 2009: 97f.), hat sich der Blick auf diesen Ort entscheidend verändert. Die zuvor beiläufig wahrgenommene Landschaft hat als archäologischer Fundplatz und als Schauplatz eines geradezu mythisch überhöhten antiken Geschehens überhaupt erst den Stellenwert eines Ortes im kulturellen Sinn erreicht. Was als landwirtschaftliche Nutzfläche kaum einen weiteren Reiz entfaltete, ist nun als Ausgrabungsgelände völlig neu zu bewerten. Die Grabungsergebnisse haben den Blick auf diese Landschaft neu strukturiert. Nun wird in das Gelände die Topographie einer Schlacht eingeschrieben. Bloße Flurnamen erhalten einen anderen Klang, weil sie nun mit bestimmten Fundniederschlägen in Verbindung gebracht werden. Die Landschaft wird als Ort nicht nur neu wahrgenommen – sie evoziert auch die Erinnerung an die von nationaler Mythenbildung geprägte Wirkungsgeschichte des historischen Geschehens und fordert damit zu neuer Auseinandersetzung heraus.

Diese Anforderung hat am genannten Ort längst zu erheblichen Konsequenzen geführt. Das Gelände firmiert nun als archäologischer Park; am Standort erinnert ein 2002 eröffnetes Museum an die Varusschlacht. Die Museums- und Parkgründung akzentuieren den Ort nachhaltig, indem sie eine historische Erinnerung sichtbar machen und einen Schauplatz aktueller Auseinandersetzung mit der Schlacht und dem Mythos bereitstellen. Der Museumsbau evoziert mit seiner Außenhaut aus rostrotem Metall die Anmutung von ausgegrabenen Waffenteilen und Ausrüstungsgegenständen. Der Park bietet sich als gestaltete Landschaft dar. Zu seiner Ausstattung gehört eine abgesenktes Terrain, auf dem Wissenschaftler den wahrscheinlichen Zustand der Bodengestalt und Vegetation nachempfunden haben, der zum Zeitpunkt der Schlacht in der Region vorhanden gewesen sein soll. Topographie erhält hier – gerade in ihrer zugerichteten Form – einen expliziten Verweischarakter. Das vormals achtlos passierte Gelände wird zu einem Erlebnispark, der nachempfindende Einfühlung ermöglicht und darüber hinaus zu einem Ort des Gedenkens wird. Auch wenn der historische Abstand mit inzwischen 2000 Jahren groß ist: Das Gelände nördlich von Osnabrück ist nicht einfach nur Grabungsterrain, sondern auch Gräberfeld, auf dem später an diesen Ort wiederkehrende Legionäre ihre toten Kameraden hastig bestattet haben. Gerade weil einzelne Gräber nicht mehr auszumachen sind, wird das ganze Areal zumindest in der Vorstellung zu einem einzigen Grab. An diesem Ort haben tausende Menschen den Tod gefunden. Von diesem Faktum aus können die Gedanken wandern – hin zu jenen anderen Orten, die als Schlachtfelder traurige Berühmtheit erlangt haben. Der Besucher des Museums der Varusschlacht stellt Fragen an das antike Geschehen und seine Folgen, die er erst aus der Sicht einer Epoche der Weltkriege stellen kann. Sein Blick ist durch Erinnerungen an andere Kriegserfahrungen als die der Varusschlacht geprägt und durch ganz andere Debatten um Fragen von Kulturkonflikten und deren denkbaren Befriedungen sensibilisiert.

Das Beispiel der Varusschlacht macht deutlich, welch wichtige Dimension der Raum markieren kann, wenn diskutiert wird, wie kulturelle Bedeutungen konstituiert werden. Die konkrete Verortung eines zuvor ortlosen, weil nicht lokalisierten Geschehens setzt eine entscheidende Differenz. Erst der konkrete, also betretbare Ort eröffnet überhaupt die Chance, sich dem historischen Faktum der Schlacht und ihrer Wirkungsgeschichte neu anzunähern. Erst mit dem Areal wird es möglich, der über Jahrhunderte ausgeuferten Diskussion um die Varusschlacht einen Haltepunkt zu geben und darauf hinzuwirken, dass der Umgang mit diesem Teil der Geschichte versachlicht wird. Nur der aufgefundene Ort erlaubte die Errichtung eines entsprechenden Museums. Und nur dieser Ort stellt als Fundstücke jene Objekte bereit, die der Erforschung der Historie unverzichtbare Ankerpunkte für eine neue Debatte liefern. Von diesem Punkt aus kann auch die Erinnerung an ein von vielen unseligen Mythenbildungen überwuchertes Geschehen neu konstituiert werden. Es ist alles andere als ein Zufall, dass gerade im Licht der anhand von Fakten überprüfbaren Lokalisierung des antiken Geschehens und der dadurch ausgelösten weiteren Forschungen der nationalistische Mythos um „Hermann den Cherusker" endgültig seine Grundlage verloren hat. Darüber hinaus macht das in einigen Grundzügen diskutierte Beispiel deutlich, wie sich Dimensionen des Ortes, der Objekte und der Zeitlichkeit im Kontext *einer* Produktion neuer kultureller Bedeutungen miteinander verbinden und sich auf diese Weise in ihrem Wirkungspotenzial steigern können.

5.3 Dimension der Qualität: Hoch-, Massen-, Popkultur

Nicht nur die Massenkultur allein, die gesamte Kultur ist nichts anderes als eine Welt der verdinglichten symbolischen Güter, die repräsentiert, was sie kritisch reflektieren, gar bekämpfen müsste: die repressive Welt des Kapitals und ihre, alle gesellschaftlichen Bereiche durchdringenden Wirkungsmechanismen. So lautet, denkbar kurz gefasst, die berühmt gewordene Abrechnung mit der Massenkultur, welche die Philosophen Max Horkheimer und Theodor W. Adorno bereits vor Jahrzehnten vorlegten (vgl. Horkheimer/Adorno 1971). „Kulturindustrie. Aufklärung als Massenbetrug" (ebd.: 108ff.) ist der Titel jenes Textes, dessen polemische Pointe darin liegt, die katastrophale Ausweitung verdinglichenden Umgangs gerade auch für kulturelle, also symbolisch verfasste Sachverhalte zu konstatieren. „Von

Kultur zu reden war immer schon wider die Kultur" (ebd.: 118) lautet zugespitzt die grundsätzliche Kritik an Kultur, die als Instanz einer planmäßigen Neutralisierung des Ästhetischen verstanden wird. Gerade in der Sicht Adornos bleibt nur eine Instanz, die Widerstand leisten könnte – die als quer zu den Verhältnissen stehende, sich vor allem als Form definierende Kunst. Ihr Protestpotenzial liegt nicht in vordergründig kritischen Gehalten, sondern in einer Formgebung, deren Sperrigkeit und immanente Brüche auf objektivierter Ebene die Widersprüche der kapitalistisch verfassten Gesellschaftsordnung spiegeln. Wo die ganze Kultur als eingemeindeter Belustigungsbetrieb versagt, bleibt nur die von der Kultur abgesetzte Kunst als letzte, nicht zu vereinnahmende Bastion der Kritik und Verweigerung.

Diese bekannte Position der Kunst- und Kulturbetrachtung kann als entschiedenes Plädoyer für das gelesen werden, was landläufig als Hochkultur gefasst und gern auch belächelt wird. Hochkultur meint einen eng umgrenzten Kanon weniger Spitzenleistungen der künstlerischen Produktion (vgl. Lüddemann 2015: 56–59). Dieses Verständnis verbindet sich mit Elitenbewusstsein, denn Hochkultur verlangt Vorkenntnisse, einen geschulten Geschmack und eingeübte Praktiken einer ebenso genießenden wie reflektierenden Rezeption. Kontemplation, Distanz, Takt, Auswahl, Ritual: Hochkultur erweist sich im Licht dieser, ihr ohne Probleme zuzuordnenden Begriffe als kompaktes Paradigma einer zutiefst selektiv verfahrenden Praxis. Sie kann als fester Kern jeder Kultur geachtet oder als pure Gestrigkeit kritisiert, ja für überflüssig erklärt werden. Im Licht der Popkultur wird der Hochkultur längst attestiert, dass sie von tatsächlichen Wirkungsmöglichkeiten abgekoppelt ist (vgl. Steenblock 2004: 100), als bloße Fassade an ihrer „realen Folgenlosigkeit" (Schnädelbach 1994: 509) krankt. Die in den letzten Jahren zugespitzt vorgetragene Diagnose ist nicht neu. Dass der bedeutende Bestand der Epoche der Moderne eher durch die Masse als durch Individuen hervorgebracht werde, behauptete bereits der Kultursoziologe Georg Simmel (vgl. Simmel 1989: 648). Nur wenig später bereits tauchte Siegfried Kracauer in die Welt der Angestellten wie in den Kosmos einer seltsam fremden Kultur ein (vgl. Kracauer 1971), um festzustellen, dass in dieser Alltagskultur nicht die strengen Rituale hochkultureller Übung, sondern die Fassadenwelten eines schnelllebigen Amüsements zählen, die nicht geistige Vertiefung ermöglichen, sondern die schnelle Flucht aus eintöniger, weil nur begrenzt perspektivenreicher Wirklichkeit ermöglichen. Wie sehr sich diese Sicht der Dinge inzwischen verfestigt hat, macht die Rede vom „Hochkulturschema" (Schulze 2000: 142ff.) deutlich, die Spitzenkultur nicht mehr als Kanon ansieht, sondern lediglich als eine Option unter vielen im Bereich der Freizeitgestaltung. In dieser Sicht erscheint Hochkultur als Ensemble von Praktiken, im negativen Sinn von entleerten Attitüden, denen jede unterscheidende Energie abhanden gekommen ist – jede orientierende Funktion übrigens auch. Inwieweit im Zeichen der

5.3 Dimension der Qualität: Hoch-, Massen-, Popkultur

Hochkultur noch symbolisches Kapital aufgehäuft und Distinktion erreicht werden kann (vgl. Bourdieu 1982) darf als dahingestellt gelten. Massenkultur hat sich, vor allem im Zeichen der Popkultur, als integratives Gegenmodell nicht nur etabliert. Sie ist auch zur Rechtfertigungsinstanz für alle anderen kulturellen Praktiken avanciert. Was überhaupt Geltung beanspruchen möchte, hat sich aus der Sicht der Massenkultur als kompatibel zu erweisen. Klassische Musik etwa kommt nur noch insoweit in den Blick einer größeren Öffentlichkeit, als sie sich den Formvorgaben der massenmedialen Welt anpasst, den entsprechenden Starkult bedient und ihr Werkrepertoire in leicht konsumierbare Portionen zerlegt.

Die Anmerkungen zu dem Gegensatzpaar Hochkultur/Massenkultur machen deutlich, dass im Bereich qualitativer Unterscheidungen besonders gilt, was auf Kultur als ganze zutrifft: Über Kultur lässt sich nur in evaluierender, also wertender Weise sprechen. Elite gegen Masse, Pop versus Klassik: Die Gegensatzpaare stehen für einen permanenten Wertekonflikt, der immer wieder polemisch zugespitzt wird. Die Hochkultur als Bildungshort und Unterscheidungsmerkmal einer Elite, die Popkultur als Trendgeschehen und Ausweis einer zum eigenen Lebensausdruck befreiten Jugendlichkeit – die Begriffe tragen die Funktion der Abgrenzung unweigerlich in sich.

Diese Konstellation soll hier nicht weiter vertieft werden. Stattdessen ist der vermeintlich unabänderliche Gegensatz aufzuheben – nicht in einer Synthese, die es nicht gibt, wohl aber in der unersetzbaren Funktion, die beide Aggregatzustände von Kultur haben. Denn Hoch- und Massenkultur sind nicht einfach nur sozialen Schichtungen zuzuordnen oder als vermeintlich konservativ und progressiv in ein historisches Nacheinander zu bringen. Wer seit Jahrzehnten der immer gleichen Rockgruppe anhängt kann mit dieser kulturellen Präferenz ziemlich konservativ wirken, wer sich dagegen zeitgenössischer Oper verschrieben hat, als sehr progressiv angesehen werden. Die scheinbar so plausiblen Zuordnungen passen schon in dieser vordergründigen Betrachtungsweise nicht mehr. Davon abgesehen gehören die Unterscheidungen von Hoch- und Massenkultur in den Horizont *jeder* Kultur. Sie geben ihr nämlich die Möglichkeit, kulturelle Hervorbringungen in unterschiedlichen, und wenn es sein muss, auch konträren Sichtweisen zu fokussieren. Hoch- und Massenkultur meinen Differenzen der Verbreitung, der erreichten Publikumsschichten, sie markieren Unterschiede der Rezeptionsformen und der Erneuerungsgeschwindigkeit. Mit einem Kanon der Hochkultur lassen sich kulturelle Bestände konservieren. In der Popkultur schaltet Kultur dagegen um – auf ein viel höheres Tempo der Innovation. Im Bereich des Kanons muss der Werkcharakter sakrosankt sein. Pop dagegen verflüssigt Werke im Spiel der Anverwandlungen und Übersetzungen. Darüber hinaus bilden die scheinbar so klar separierten Kulturbereiche auch in sich selbst Sektionen aus, die eher als Hoch- und als Popkultur funktionieren. Zu jeder Hochkultur gehören Werke, die als eher leichtgewichtig angesehen werden. Die alle Lebensbereiche überwölbende Popkultur kennt Hervorbringungen, die den Charakter von Wegmarken annehmen.

Gibt es Klassiker im Bereich der Pop- oder Massenkultur? Allerdings. Die frühen Hits einer Rockgruppe, die erste Staffel einer Fernsehserie, das Poster, das zum Sammlerstück aufsteigt: Populäre Kultur übernimmt Merkmale der Hochkultur, indem sie einen ganz eigenen Kanon ausbildet, dem Orientierungsfunktion zugewiesen wird. Und Hochkultur eignet sich Rezeptionsformen an, die eine weitergehende Zugänglichkeit signalisiert, wenn sie nicht gleich ihren Bestand vorsichtig für neue Werke oder kulturelle und künstlerische Genres öffnet. Es gibt Fotos die zu Klassikern aufstiegen, von Kinofilmen ganz zu schweigen. Vor allem mediale Innovationen und sich daraus ergebende Kunstformen sorgen für künstlerische Produktionen, die zu neuen Klassikern erklärt werden können.

So erweist sich die Unterscheidung von Hoch- und Massenkultur als Differenzphänomen, das eine grundsätzliche Operation des kulturellen Transfergeschehens ermöglicht: die Übertretung von Wertgrenzen. Die Frage des Wertes ist dabei nicht kulturkritisch zu verstehen. Unterschiedliche Wertsphären ermöglichen überhaupt die Umstellung des Blicks und eröffnen die Option, produktive Konfrontationen durch Kontrastbildung in Gang zu setzen. In solchen Reibungszuständen ergeben sich kontrovers geprägte Übersetzungsverhältnisse: Werke wechseln zwischen High und Low die Sphären, sie werden für Produktionen des jeweils anderen Bereichs adaptiert, erscheinen in unterschiedlichen künstlerischen Formaten und medialen Darbietungen. Ob Romane verfilmt, Filme zum Theaterstück umgebaut, Verpackungsmotive zu Kunstwerken stilisiert oder Erzählungen zum Musical verarbeitet werden – mit dem Wechsel der künstlerischen Sichtweise und der Kombination eigentlich separierter Wertsphären kommen produktive Überschneidungen und damit innovative Bedeutungsproduktionen in Gang. Kultur erweist sich damit auch in diesem Kontext als grundsätzlich medial verfasst. Die Blickumkehr und Wahrnehmungsverschiebung ergibt sich nämlich nicht durch einen schlichten Transfer der Inhalte, sondern durch Wechsel der medialen Präsentations- und Darbietungsweisen. Unterschiedliche mediale Aggregatzustände modulieren Themen und fächern sie in ihre vielfältigen Aspekte auf. Der Verlauf dieser Variationsreihen gleicht einer Entdeckungsreise in die Tiefendimensionen der Interpretation des vermeintlich schon Bekannten. Populäre Mythen wie die von Dracula bis Batman oder Legenden der klassischen Kultur von Mozart bis Picasso durchstreifen den Bedeutungskosmos der Kultur in immer neuen Erscheinungsformen – ob mit ihren Werken, als biographisch fassbare Gestalt, fiktive Existenz oder kollektiver Tagtraum. Als Marke und Zeichen sind sie wieder erkennbar, als eigener, kleiner Kosmos dagegen unergründbar. Diese paradoxe Doppelung sichert ihnen ein langes

5.3 Dimension der Qualität: Hoch-, Massen-, Popkultur

Leben im kulturellen Universum. Beim Grenzüberschritt von einer Wertsphäre zur anderen verglühen sie nicht, sondern heizen sich eher noch mit Energie auf. Das Zusammenspiel von Hoch- und Massenkultur, überhaupt unterschiedlichen kulturellen Arealen beschleunigt Umlaufgeschwindigkeiten von Motiven, Figuren, Themen und den an ihnen haftenden Bedeutungskomplexen.

Ob Popkultur auf diesem Hintergrund als „Einheitsstifter" (Steenblock 2004: 98) angesehen werden kann, darf deshalb bezweifelt werden. Natürlich steht Pop für eine Kultur der großen Inklusion, die Schranken überwindet, Inhalte wie Darbietungsweisen nivelliert. Pop überträgt alle denkbaren Inhalte in ein Zeichenuniversum der leichten Lesbarkeit. Massenkultur garantiert Zugänglichkeit und Genuss, sie macht ihr Publikum zu einer großen Fangemeinde. Trotz ihres durchschlagenden Erfolgs ist sie mit der Kultur als ganzer aber eben nicht identisch. Kultur geht nicht in einer großen Totalität auf, sondern differenziert Bereiche aus, die nach Graden der Größe, Exklusivität und Zugänglichkeit abgestuft sind. Diese Pluralität sichert Optionalität als Grundzug einer ausdifferenzierten, selbstreflexiven, also mobilisierten Kultur. Gerade deshalb sind Kulturrezipienten unserer Tage vor allem darin geübt, Zeichen auch in modulierten Formen wieder zu erkennen, Kontexte und Schauplätze der Kultur auf ihre Bedeutungsimplikationen hin abzutasten und analog zu einem großen Angebot auch ihre kulturellen Bedürfnisse zu differenzieren. So ist es möglich, dass Popkonzerte ebenso wie Museumsausstellungen große Zuschauerzahlen erreichen. Die Feier des global agierenden Stars steht neben dem Kult des Kunstwerks als Unikat. Kostbar ist beides – Verbreitungsformen führen nicht zum Verlust, sondern nur zur Unterscheidung von Graden der Wertschätzung. Damit differenzieren sich Formen und Intensitäten der Zuwendung zu kulturellen Angeboten weiter aus. Der einzelne Mensch ist nicht länger passiver Rezipient eines homogenen Angebots, sondern wechselt die Rollen. Er navigiert sich durch sein eigenes Kulturleben als Fan und Flaneur, Kenner und Kritiker, Betrachter und Beiträger. Diese Rollenkonzepte umgreifen nicht nur unterschiedliche Grade der Intensität, sondern auch eine Divergenz der feinen Abstufungen zwischen passiver Hinnahme und aktiver Mitgestaltung. Die antagonistischen Konzepte von Hoch- und Massenkultur ermöglichen nicht nur eine präzise Standortbestimmung des einzelnen Kulturnutzers – der Rezipient wirkt an der Aufrechterhaltung fundamentaler Kulturantagonismen auch mit. Und zwar durch jeden Akt der Wahl und der Rezeptionsform. Auf dem Weg zur Kunstausstellung mit einmaligen Exponaten hört man im Autoradio wie selbstverständlich die aktuellen Hits und das ohne darüber in Konflikte mit den eigenen kulturellen Orientierungen zu geraten. Kultur meint Unterscheidung, aber vor allem eine Unterscheidung, die Aufmerksamkeit für die stufenlose Drift der Bedeutungen und Wertsphären schafft. Der Rezipient ist dabei mehr als ein Kulturnutzer. Er avanciert mehr und mehr zum Autor seines kulturellen Umfeldes.

Dieser aktuelle Entwicklungsstand von Kultur kann natürlich nicht auf historisch weit entfernt liegende Epochen bezogen werden. Die Differenz von Hoch- und Massenkultur setzt eine Gesellschaft der Moderne voraus, in der Kultur als Medium der Navigation durch Räume des Sinns konzipiert ist, nicht aber als rigide Richtschnur des Verhaltens gedacht werden kann. In früheren Epochen war Kultur immer sehr viel normativer gefasst – wohl auch in der Antike, also der Zeit der Varusschlacht. Der Konflikt des Jahres 9 nach Christus mag durch den Kontrast der zivilisatorischen Niveaus der Kriegsparteien zusätzliche Dramatik gewinnen. Immerhin führte die Niederlage der Römer dazu, das erste Ansätze von Stadtgründungen im germanischen Gebiet aufgegeben und so auch kulturelle Entwicklungsprozesse kurz nach ihrem Einsetzen abrupt wieder abgebrochen wurden (vgl. Moosbauer 2009: 59ff.). Die Frage nach der Differenz kultureller Sphären kann jedoch sinnvoll erst für die Rezeption der Varusschlacht gestellt werden. Hier fällt auf, dass rund um die Gestalt des Arminius und das Geschehen der Schlacht auf sehr unterschiedlichen Niveaus Gedächtniskonzepte modelliert wurden. Ohne hier diese Prozesse im einzelnen nachzeichnen zu wollen, so fällt doch auf, dass die kulturelle Rezeptionsgeschichte (vgl. Bendikowski 2008: 142ff.) der Varusschlacht alle Möglichkeiten von High und Low, Hoch- und Massenkultur ausfüllt. Arminius wird zum Held der Barockoper, „Hermann der Cherusker" zur Projektionsfigur der Vaterlands- und Kriegervereine. Kleists Drama „Hermannsschlacht" konzipiert das historische Geschehen als Vorbild der im 19. Jahrhundert situierten nationalen Befreiungsbewegung. Der Bau des Hermann-Denkmals bei Detmold schließlich wird selbst zum Kraftakt einer Nation, die ihre eigene Einigungsanstrengung in der monumentalen Heroenfigur wieder erkennen möchte. Schon in dieser Aufzählung wird deutlich, wie differenziert ein nationaler Mythos kulturell konzipiert werden kann. Das Erinnerungsmotiv wandert nicht allein durch unterschiedliche Areale kultureller Wertsetzung, es wird auch in sich wandelnden historischen Kontexten auf unterschiedliche Weise anschlussfähig. Gerade dieser letzte Punkt verdient besondere Aufmerksamkeit, schließlich kam die Mythengestalt „Hermann" gerade deshalb in Verruf, weil sie die bekannte propagandistische Vehemenz entfaltet hatte, die spätestens nach 1945 nicht mehr sinnvoll in politischen Selbstentwurf und historische Erinnerungskultur der Bundesrepublik zu integrieren war.

5.4 Fazit 5: Kultur als Perspektivierung

Erinnerung und Zukunftsentwurf, Nähe und Ferne, Hoch- und Massenkultur: Mit diesen drei ausgewählten Gegensatzpaaren war Kultur als Bedeutungsraum kenntlich zu machen. Die Dimensionen von Zeit, Raum und Qualität sind dabei nicht als bloß inhaltliche Setzungen, gleichsam als thematische Inhalte zu verstehen. Sie bilden vielmehr grundsätzliche Parameter einer Kultur als Vorstellungswelt, die mit ihrer individuellen Ausgestaltung Weltzugänge vorzeichnet. Damit werden Themen gesetzt, kommunikative Anschlüsse favorisiert und affektive Besetzungen ausgebildet, die wesentlich kulturelle Profilierungen formen. Auf diese Weise konstruieren Kulturen unterschiedliche Welten, die Konvergenzen und Kontaktareale des gegenseitigen Verstehens ausbilden können, daneben aber auch Anteile von Identitätsbildungen beinhalten, die Außenstehenden nicht in gleicher Weise wie den entsprechend sozialisierten Individuen zugänglich sind. Identität und Fremdheit gehört auf diese Weise gleichfalls zur Kultur – allerdings auch die Option, genau diese individuellen Konturierungen bewusst zu machen und selbst wieder kulturell zu bearbeiten. Weltkonstrukte der Kultur mögen im alltäglichen Kontext nicht hintergehbar sein. Als Wissensbestand, Sinnentwurf und Blickjustierung hat der Einzelne diese Weltkonstrukte immer in seinem Rücken. Mit ihnen blickt er, meist ohne es weiter zu bemerken, auf und in seine Welt. Komplexe Kulturen eröffnen die Option, sich genau diese Konstrukte bewusst zu machen. Kulturelle Dispositionen können nicht willkürlich verändert, wohl aber befragt werden. Über diese Schritte kommt ein allmählicher Umbau auch der tiefer liegenden kulturellen Strukturen in Gang.

Die Rezeptionsgeschichte der Varusschlacht bietet dafür ein aktuelles Beispiel. Im Jahr des Gedenkens an die 2000 Jahre zurückliegende Schlacht bildete eine große kulturhistorische Ausstellung den zentralen Baustein der Bemühungen um Erinnerung. In Haltern am See, Bramsche-Kalkriese und Detmold thematisierten die drei Ausstellungsteile „Imperium", „Konflikt" und „Mythos" unterschiedliche Dimensionen des historischen Geschehens und seiner Nachwirkung (vgl. Varusschlacht 2009). Die Präsentationen spannten einen weiten Bogen: von der Darstellung der römischen Zivilisation, über Zeugnisse kriegerischer Auseinandersetzungen bis hin zur Inspektion nationalistischer Mythenbildungen. Die Präsentation schaffte mit der historischen Rückschau nicht nur Distanz und damit die Voraussetzung für eine Scheidung von Fakten und Mystifikationen. Die Schau war zur gleichen Zeit auch nachdrücklich auf kulturelle Vergleiche ausgelegt und machte damit jene Perspektivierungen sichtbar, die sich rund um Varusschlacht und „Hermanns"-Figur gebildet haben. Der eigentliche Wert der Ausstellung bestand darin, dass sie überhaupt das Material für einen Umbau der kollektiven

Erinnerung zum Thema bereitstellte. Der Kulturvergleich inszenierte das Motiv der kulturellen Blickumkehr mit nachhaltiger Wirkung. Zugleich machte die penible Aufbereitung der Fundsituationen deutlich, worauf der Mythos rund um die Figur des Germanenchefs und angeblichen Freiheitskämpfers eigentlich fußt – auf historischen Belegen, die es einfach nicht gibt. Die Sichtung der Faktenlage führt zur Demaskierung der Mythenbildung als einer höchst gewagten Konstruktion, die sich umso mehr propagandistisch instrumentalisieren ließ, je weniger sie mit handfesten Befunden in Verbindung zu bringen war. Die Historienschau leitet so einen Prozess der Bewusstwerdung ein, der ein Ergebnis bereits unausweichlich erscheinen lässt: den Abschied von einer vorgeblichen Lichtgestalt, die ihre Funktion längst verloren hat. Kulturelle Konstruktionen sind wirkungsmächtig, aber befragbar. Ihr Umbau geht langsam vonstatten, ist aber möglich. Das Beispiel der Varusschlacht und ihrer aktuellen Aufarbeitung demonstriert, wie solche Prozesse so initiiert werden können, dass sie Erfolg versprechen.

Kultur: Aktuelle Probleme und Ausblick 6

Mit dem Blick auf die Konstruktionen der Kultur ist ein thematischer Durchgang vorerst abgeschlossen – sofern dies im Blick auf Kultur und ihre grundsätzliche Fortsetzungsfähigkeit überhaupt gesagt werden kann. Die monographisch gerundete Darstellung muss sich abgrenzen, wo Kultur als ihr Gegenstand immer nur als grenzenloser gedacht werden kann. Jede ihrer Inblicknahmen fokussiert nur einen temporär gültigen Zustand und Ausschnitt. Kultur geht über solche Stillstellung hinweg; sie erträgt diese nur als momentane Scharfstellung gleichsam im fotografischen Sinn. Kultur gibt es – um im Bild zu bleiben – jedoch nicht als Schnappschuss. Sie wird bestenfalls in der Bildserie ihrem vollen Umfang nach erahnbar.

Im letzten Abschnitt der Darstellung soll zweierlei gezeigt werden. Zum einen geht es darum, die Leistungen, Chancen und Perspektiven des hier entwickelten Begriffs von Kultur noch einmal kurz zusammenzufassen. Zum anderen wird auf aktuelle Problemlagen hingewiesen, die sich mit Kultur verbinden.

6.1 Chancen und Perspektiven

Kultur als Produktion von Bedeutung: In dieser Kurzformel ist das Verständnis von Kultur fokussiert, das in diesem Band entwickelt worden ist. Eine so gefasste Kultur erweist sich in vielfältiger Hinsicht als leistungs-, weil anschlussfähig. Um einem möglichen Missverständnis gleich vorzubeugen: Es ging nicht darum, das Verständnis von Kultur an bestimmten aktuellen Erfordernissen, welcher Art auch immer, auszurichten (vgl. Hoppe 2019). Kultur in ihrem heutigen Zustand ist Ergebnis einer historischen Genese, kein bloßes Werkzeug, das sich einfach zurichten ließe. Ihre Leistungsfähigkeit steht dennoch außer Frage. Kultur schafft

- *Identität* durch hinterlegte Wissensbestände und Erfahrungsschätze. Diese Bestände steuern aktuelles Handeln – durch Deutungsoptionen, die ein Set bestimmter kommunikativer und handlungspraktischer Anschlüsse favorisieren. Damit wird ein Korridor abgesteckt, der vereinheitlichend wirkt und auf diese Weise Sicherheit gibt. Kulturelle Identität ist nichts anderes als eine von vielen Mitgliedern einer Gesellschaft geteilte Weltdeutung. Diese Deutung als Identität ist deshalb wirksam, weil sie als unbefragter Bestand im Hintergrund des Handelns und Kommunizierens bleibt. Identität ist latente Struktur.
- *Kommunikation* durch ein Reservoir an Themen und Sichtweisen. Analog zu der vereinheitlichenden Wirkung von Identität stellt dieses Reservoir Ankerpunkte bereit, an denen sich kommunikative Akte orientieren können. Kultur strukturiert Kommunikation, indem sie Erwartbarkeit schafft und Abläufe vorprägt, in die sich die Teilnehmer an Kommunikation problemlos einklinken können.
- *Kontroverse* als einen weiteren Aspekt von Kommunikation, der das Moment der Erwartbarkeit modifiziert. Kontroversen setzen Erwartbarkeiten nicht außer Kraft. Sie sind als Struktur und Ereignis selbst erwartbar und gleichfalls in einem Set mehrerer Ablaufoptionen vorgeprägt. Kultur eröffnet Möglichkeiten, Kontroversen als Disput über Geltungsansprüche geregelt auszutragen, indem sie Orte markiert, Anlässe schafft und Diskursformen ausbildet, die zu solchem Austrag geeignet sind.
- *Vergleiche* als Chance, Weltentwürfe als Kulturunterschiede in den Blick nehmen und auf diese Weise produktiv bearbeiten zu können. Da jede Kultur als Konstrukt und damit als veränderbar aufgefasst werden muss, entfaltet sich hier ein Aspekt des Ausgleichs zwischen unterschiedlichen Kulturen. Der Vergleich öffnet den Blick für Differenzen und damit für andere Möglichkeiten, Weltverständnisse als symbolische Ordnungen anzulegen. Dabei schärft sich der Blick für die internen Differenzen, die innerhalb jeder komplexen Kultur selbst angelegt sind.
- *Adaptionen* als mögliche Resultate des Vergleichs. Kultur schafft Identität, hält zugleich jedoch Möglichkeiten offen, an den Grenzen der eigenen Identität kontaktfähig zu sein. Dies gilt nicht allein für die Außenkontakte einer Kultur zu einer anderen, sondern auch für die Binnenstruktur einer Kultur, in der die eigenen Bestände auf ihre Einschlüsse divergierender Kultureinflüsse hin in den Blick genommen werden können. Kultur bewährt sich in dieser Hinsicht in der Fähigkeit, die eigene Struktur umbauen und bislang gültige Präferenzen verlagern zu können.
- *Medialität* als Option einer Inszenierung, die Bedeutung mit konstituiert, es Menschen zugleich auch erlaubt, sich buchstäblich „in Szene" zu setzen und sich auf diese Weise auf multiple Weise darzustellen und zu erfahren. Über

alle Formen diskursiver Bearbeitung von Bedeutungsfeldern hinaus eröffnet die mediale Seite der Kultur Möglichkeiten eines erlebnishaften Nachvollzugs. Kultur weist in diesem Zusammenhang einen unhintergehbaren Aspekt der Theatralität auf.
- *Praxis*, indem sie Handlungen anleitet und soziale Vollzüge vorstrukturiert. Kultur hat in dieser Dimension unmittelbar alltagspraktische Relevanz. Sie bietet Bedeutungsstrukturen an, die als Matrix sozialer Praxis wirksam werden. Umgekehrt reproduzieren sich kulturelle Strukturen aus den Vollzügen von Praktiken. Praxis wird von Kultur nicht einfach nur vorab strukturiert, sie erneuert sich auch aus der Praxis heraus. Praxis erzeugt Bedeutung – indem sie deren abstrakte Struktur in ihren Aktualisierungen konkretisiert und mit neuen Interpretationen auflädt.

Der Abriss der Aspekte von Kultur soll nicht einfach ein Wiederholungsprogramm sein, das im Schnelldurchgang absolviert wird. Diese Aspekte fokussieren vielmehr die Leistungen, welche den hier entwickelten Kulturbegriff zeitgemäß erscheinen lassen. Identifikation, aber auch Fremdheitserfahrung, Diskursivität, aber auch Theatralität, Matrix, aber auch Praxis – gerade das Arrangement aus Gegensatzpaaren kennzeichnet Kultur als Kraftwerk, Netzstruktur, Aushandlungs- und Inszenierungsagentur, Interpretationsbeschleuniger. Kultur erzeugt Bedeutungen als Mittellage mit Orientierungsfunktion, aber auch als Extremlagen, die herausfordern. Kultur operiert in Gegensätzen, um Ausgeglichenheit herstellen zu können, sie geht an Grenzen, um eine Zentrierung zu erreichen, die das Zusammenleben von Menschen überhaupt erst möglich macht. Soweit die optimistische Version.

6.2 Probleme und offene Fragen

Nun folgt nicht einfach die pessimistische Variante einer hoffnungsfrohen Sicht der (kulturellen) Dinge. Die eben als kurz gefasste Liste aufgeführten Aspekte und Leistungen von Kultur führen ihre negativen Ausprägungen nicht wie Schatten mit sich. Kultur stützt und prägt. Sie ist allerdings auch ein jederzeit offenes Projekt. Denn Kultur schafft keine einfachen Sicherheiten. Sie bearbeitet auch Unsicherheiten, indem sie Kontroversen aushält, Brüche im Gewebe des Sinns fokussiert, in eine ungewisse Zukunft hinein operiert. Kultur orientiert – aber sie ist in ihren Entwicklungen darauf angewiesen, von kommunizierenden und handelnden Individuen aktualisiert zu werden. Diese Praxis bestimmt wesentlich, was aus Kultur künftig wird und was mit ihr weiter möglich sein wird. Gerade deshalb erscheint

Kultur auch als jederzeit riskantes Unternehmen. Zur gleichen Zeit ist klar, dass sich Kultur, wie einleitend bereits beschrieben, derzeit besonderen Herausforderungen gegenüber sieht. Fragen der Migration, des beschleunigten medialen Wandels, einer Umwälzung von Wissensstrukturen und weiterer Prozesse, die sich im Horizont der Globalisierung vollziehen, stellen sie vor besondere Aufgaben. Kultur bedeutet zu jeder Zeit Wandel. Es stellt sich allerdings die Frage, ob die Spannungen, unter denen sie in unserer Gegenwart steht, nicht mehr bedeuten als einen ganz normalen Veränderungsprozess. Das Ausmaß der kulturellen Veränderungen, die sich derzeit vollziehen, spricht eher für einen Wandel von historischer Dimension. Nachfolgend sollen einzelne Aspekte dieses Prozesses angesprochen werden – in bewusst unsystematischer, gleichwohl vernetzter Sichtweise.

Die inzwischen wieder abebbende Diskussion um eine nationale *Leitkultur* liefert einen ersten Indikator für tief greifende kulturelle Veränderungsprozesse und die von ihnen ausgehenden Irritationen. Natürlich ist eine moderne, also komplexe Kultur niemals als Leitkultur anzusprechen (vgl. Konersmann 2008: 18). Schließlich stellt sie ihre Operationen auf Vergleiche und Differenzen ab und ist insofern in der Lage, mit dem Fortbestand von Unterschieden produktiv umzugehen. Die Debatte um den allerdings unglücklichen Begriff der Leitkultur (vgl. Scheytt 2008: 109) reflektiert dennoch ein Unbehagen an einer kulturellen Heterogenität, die als nicht mehr integrierbar erscheint. Leitkultur soll für Ordnung sorgen, indem sie einen Kanon von Kulturinhalten bereitstellt, der Identitäten abgrenzen hilft. Hier das Eigene, dort das Fremde – nach diesem simplen Schema vollzieht sich eine Grenzziehung, die auf dem besten Wege ist, genau das auszuschließen, was zu Kultur grundsätzlich gehört: Überschneidung, Beeinflussung, Transfer, kurz, Hybridität. Auf diese Weise auf einen „Containerbegriff" reduziert (vgl. Fuchs 2008: 202–204), schrumpft der Begriff der Kultur als Leitkultur hingegen auf die Metapher eines Behältnisses zurück, in dem sich nur ganz bestimmte Gegenstände befinden (dürfen). Obendrein artikuliert das Wort mit beunruhigender Direktheit, was einem modernen Kulturverständnis nicht entspricht: die Vorstellung einer kulturellen Norm, die eine Hierarchie der Auf- und Abwertungen herstellt. Damit wäre das Instrument für eine neuerliche Ausgrenzung im Namen einer bestimmten, als angeblich überlegen situierten Kultur schon wieder zu unseligem Gebrauch bereitgelegt.

Dabei kommt in der Debatte um die Leitkultur ein Motiv zum Tragen, das durchaus bedenkenswert erscheint. Es handelt von einem Rückbezug auf eigene kulturelle Identität, der immer dann mit einiger Dringlichkeit einsetzt, wenn sich heterogene Kulturbezüge so sehr als Normalfall etabliert haben, dass sozialer Zusammenhang fraglich wird. Dieses Phänomen nur mit dem Hinweis auf *Migration* und die damit verbundenen kulturellen Verschiebungsprozesse zu begründen, wäre

6.2 Probleme und offene Fragen

allerdings sehr kurz gedacht. Die Frage nach kultureller Norm reflektiert zunächst die Verwerfungs- und Überlagerungsprozesse, die sich *innerhalb* einer Kultur selbst ereignen. Vor allem medialer Wandel führt zu Beschleunigungen, die Kulturen als Sinnzusammenhänge unter Spannung setzen. Dieser Wandel macht den Rückbezug auf Wissensbestände zur prekären Operation. Viele dieser Bestände geraten in Vergessenheit, sie sind in Gefahr, als Ressourcen gemeinsamer Sinnkonstitution auszufallen. Leitkulturdebatten reagieren vor allem auf dieses Phänomen – ohne dass sich die an ihnen beteiligten Protagonisten in jedem Fall über die eigentlichen Beweggründe ihrer Wortmeldungen Rechenschaft ablegen würden.

Auch jenseits ideologischer Zuspitzungen ist klar, dass *Migration* Kultur verändert. Die Spannungen, die dabei unvermeidlich auftreten, können auch konstruktiv genutzt werden – etwa dazu, mit den anderen Lebenshintergründen der Kulturbezüge, die Migranten mitbringen, auch die jeweils eigenen Blickjustierungen in Frage zu stellen und die Chancen zu nutzen, die sich mit dem Umbau der eigenen Kultur ergeben. Ein solcher Denkansatz setzt allerdings Beteiligung im Rahmen einer „aktivierenden" Beschäftigung mit Kultur voraus (vgl. Scheytt 2008). Dazu gehören Foren und Formate eines kulturellen Lebens, die sich dezidiert als Kontaktzonen verstehen. Das im Ruhrgebiet situierte Kulturfestival „Ruhrtriennale" führt seit Jahren mustergültig vor, wie genau dieser Effekt erreicht werden kann. In Projekten werden Kulturebenen in mehreren Richtungen miteinander in Kontakt gebracht: Hoch- und Massenkultur, Tradition und Innovation, eigene und „fremde" Kultur. Solche Ansätze sind geeignet, Umbaugeschwindigkeit und Gesprächsintensität innerhalb einer Kultur genau dann zu forcieren, wenn diese benötigt werden: in Zeiten einer Migration, die mit kulturellen Überlagerungen auch entsprechenden Bearbeitungsbedarf begründet.

Migration muss selbst als Teil eines übergeordneten Prozesses verstanden werden, der viele andere Themen und Problemkreise von Kultur gegenwärtig zu umfassen scheint: jenen der *Globalisierung*. Während Migration noch als Wanderungsbewegung verstanden werden kann, die mit einer Ankunft auch zu ihrem – wenigstens vorläufigen – Ende findet, stellt Globalisierung Bewegung und Kontakt auf Dauer. Das irritiert grundsätzliche Koordinaten von Kulturen. Die Fragen von Zentrum und Peripherie, Nähe und Ferne sind nicht nur nicht mehr eindeutig zu beantworten, sie verlieren auch grundsätzlich ihre Berechtigung. Globale Kultur kennt nur noch Nähe. Ferne verschwindet – es sei denn, dass sie selbst wiederum als kulturelles Konstrukt erst eigentlich erzeugt wird. Gleiches gilt für die Frage nach dem Zentrum. Das löst sich tendenziell auf. An seine Stelle tritt die Allgegenwart von Peripherien, die selbst wiederum situiert sind unter dem Dach einer überwölbenden Konsum- und Unterhaltungskultur westlicher Prägung, deren vereinheitlichendem Sog offenbar nichts und niemand widerstehen kann. Globalisierte Kultur als Phänomen der Ent-Fernung (vgl. Han 2005: 17): In diesem Sinn scheint sich mit der grenzenlosen und alles verbindenden Kommunikation auch eine kulturelle Utopie scheinbar von selbst zu verwirklichen.

Wir wissen natürlich, dass dies nicht so ist. Globalisierung verändert Kultur und zwar dahin gehend, dass neue Routinen und Prozeduren ausgebildet werden, die dazu dienen, Kontaktfülle und permanente Nähe handhabbar zu halten. Kulturkontakte gestalten sich unter diesem Regelungsdruck oberflächlicher, Verstehensakte reichen weniger tief, Austausch geschieht mit weniger Zeit. Wo Kultur- und damit Fremdkontakt Norm werden bilden sich neue Standards einer Berührung aus, die zielführend und deshalb um Risiken minimiert. Damit bleiben wesentliche Potenziale kulturellen Austausches unausgeschöpft. Dies ist allerdings der Preis für eine globalisierte Kultur, die weniger auf Kenntnisse als auf Umlaufgeschwindigkeit setzt. Zur gleichen Zeit gibt es Anzeichen dafür, dass es dabei nicht bleiben muss. Zum einen entstehen neue Zonen kulturellen Kontakts, zum anderen wächst die Aufmerksamkeit für einen durch Globalisierung verursachten Verlust an kultureller Vielfalt. Die in Abu Dhabi verwirklichte Landschaft aus Museen, Konzerthäusern, Bibliotheken und Kulturzentren bildet ein gutes Beispiel für einen Brückenkopf, der bewusst zwischen Sphären der Weltkulturen vermitteln kann. Ein ähnlicher Anspruch wird auch für das Berliner Humboldt-Forum erhoben, das 2019 eröffnet werden wird, und als Darstellung der Weltkultur im 21. Jahrhundert Kulturen in ihrem gegenseitigen Austausch neu lesbar machen soll.

Das sich in solchen Gebäuden und Institutionen verwirklichende Kontakt- und Transferareal wird eine Wirkung haben, die Kulturen langfristig verändert. Und dies in vielerlei Richtungen. Es geht dabei nicht allein um einen Import westlicher Kultur in die arabische Welt oder umgekehrt. Die westliche Kultur wird sich auch unter den Bedingungen des bislang in dieser Form ungewohnten Kontakts selbst umformen. Ein Vorbild für eine ganz neue Lesart globalisierter Kultur? Vielleicht. An der Frage nach der Provenienz europäischer Sammlungsbestände, gerade derjenigen der ethnologischen Museen, entzündet sich auch die Debatte um den eurozentrischen Blick auf die Weltkultur. Die großen Museen der westlichen Welt erscheinen auf dem Hintergrund der Geschichte des Kolonialismus wie imprägniert mit einer Geschichte der Gewalt und der Schuld, die sich an den verschlungenen Wegen der Museumsobjekte ablesen lässt (vgl. Savoy 2018).

Zur gleichen Zeit wächst das Bewusstsein dafür, dass der große Transformationsprozess der Kulturen auch seinen Preis hat. Das Verschwinden von Sprachen beschleunigt sich analog zum Aussterben von Tierarten. Ob biologische oder kulturelle Spezies – beides findet sich auf „Roten Listen". Die Gefährdung von Sprachen signalisiert dabei nichts anderes als die Möglichkeit, dass auch mit ihnen auch Kulturen verschwinden. Auch wenn niemand eine künstliche Konservierung jeder kulturellen Äußerungsform anstreben mag, so beunruhigt das Tempo dieses Prozesses dennoch.

Ebenso doppeldeutig wie der ganze Prozess der kulturellen Globalisierung ist auch das Thema der *Partizipation* zu bewerten. Globale Kultur scheint nichts anderes mehr zu eröffnen als eine unbegrenzte Teilhabe an Kultur. Gerade die explosive Entwicklung medialer Möglichkeiten scheint kulturelle Produkte und Äußerungsformen für jeden erreichbar zu machen. Dabei kann Partizipation an Kultur nicht allein das Recht auf den Konsum von Produkten meinen. Ob Filme, Popmusik, Computerspiele oder anderes mehr – ein guter Teil der globalisierten Kultur kommt als Produkt bei Menschen an, die auch auf dem Gebiet der Kultur immer mehr zu Verbrauchern werden und damit zu Adressaten eines Marketings, das Kulturprodukte im globalen Maßstab vertreibt, vom Steven Spielberg-Film über andere Produkte bis hin zum Harry Potter-Roman. Deren Verbreitungsgeschwindigkeit erreicht bisweilen die Qualität von medialen Schockwellen, deren durchschlagender Wirkung sich niemand entziehen kann. Teilhabe bedeutet in diesem Maßstab und Bezugsrahmen, die Kulturnovität auf keinen Fall zu verpassen, um nicht innerhalb einer auch auf Symbolebenen völlig vernetzten Gesellschaften isoliert zu werden. Kulturprodukte von solchem Verbreitungsniveau bewirken eine soziale Vertaktung und kulturelle Integration, die wesentliche Lebensphasen und -erlebnisse in unwiderstehlicher Weise normiert. So haben die Harry Potter-Romane die Jugendphasen von Heranwachsenden rund um den Erdball durch ihr Erscheinen miteinander zeitlich vertaktet und im Horizont einer Geschichte vollständig integriert – eine bis dahin nicht gekannte Dimension der Synchronisation von Kulturproduktion und echter Lebenszeit.

Andere Konzepte von kultureller Teilhabe sind nicht auf globaler, sondern lokaler Ebene angesiedelt. Wenn der ehemalige Frankfurter Kulturdezernent Hilmar Hoffmann seinerzeit von „Kultur für alle" sprach, dann meinte er keinen kollektiven Kulturkonsum, sondern eine Partizipation in emanzipatorischer Absicht, die vor allem darauf zielte, Zugangshindernisse zu beseitigen und eine Vermittlungsarbeit zu betreiben, die gerade Hochkultur für jedermann öffnen sollte. Das Paradigma der Partizipation zielt auf eine Eingemeindung, die nicht im Zeichen des Marketings steht, sondern als Verwirklichung gesellschaftlichen Fortschritts gedacht ist. Im Abstand von rund drei Jahrzehnten kann jetzt gefragt werden, was von der Konzeption einer Kulturpolitik der siebziger Jahre übrig geblieben ist. Auch die seinerzeit innovativen Konzepte sind inzwischen in die Jahre gekommen, weil sie ihrerseits zum Teil einer längst bestens etablierten Szene avancierten. Damit ist das Thema Partizipation nicht erledigt. Es muss heute nur als Frage neu und anders gestellt werden. Die Sets möglicher Kriterien einer faktischen Ausschließung von Teilhabe an Kultur haben sich beträchtlich differenziert. Im Zeichen einer mit der

Vokabel „Hartz IV" stigmatisierten neuen Unterschicht wirken materielle Benachteiligungen in dramatischer Schärfe. Gleichzeitig haben sich kulturelle Abkopplungen ergeben. Ob materiell Benachteiligte oder Menschen mit dem gern zitierten „Migrationshintergrund" – viele Bevölkerungsgruppen unserer Gesellschaft sind kulturell unzureichend repräsentiert oder werden von den meist öffentlich vorgehaltenen Kulturangeboten kaum oder gar nicht erreicht. Auf diesem Hintergrund muss die Frage der Partizipation anders als in den siebziger Jahren angegangen werden. Nun geht es nicht mehr um eine Wohlstandsverteilung auf dem Gebiet der Kulturgüter, sondern um Angebotsstrukturen, kulturelle Formate und Prozeduren der Teilhabe, die so konzipiert werden müssen, dass sie der veränderten kulturellen Zusammensetzung der Bevölkerung gerecht werden.

Damit ist die Frage nach *Bildung* als einem Zentralthema der kulturellen Entwicklung unmittelbar gestellt. Die eben in wenigen Strichen umrissene Situation verweist auf die Tatsache, dass von weitgehend homogenen Bildungshintergründen in der Bevölkerung nur noch eingeschränkt gesprochen werden kann. Die neue Diversifikation kultureller Provenienzen, ein sich beschleunigender medialer Wandel, die Erosion bildungsbürgerlicher Konventionen: Diese Stichworte bezeichnen eine Situation, in der sich die Frage nach kultureller Bildung neu stellt. Das Thema ist von den Kulturinstitutionen in seiner Dringlichkeit längst erkannt. Ob Museum oder Bibliothek, Theater oder Konzerthaus: Die klassischen Kultureinrichtungen widmen sich der kulturellen Bildung im eigenen Interesse. Die Hoffnung der Kulturmacher geht dahin, mit Bildungs- und Vermittlungsangeboten gerade Kinder und Jugendliche als künftige Besucher erreichen und dauerhaft an die eigene Institution binden zu können. Dieses Interesse ist legitim, berührt allerdings nur einen bestimmten Aspekt der Frage nach kultureller Bildung. Über die Entwicklungsperspektiven von Kultureinrichtungen hinaus muss sie als Perspektive einer erneuerten gesellschaftlichen Integration bearbeitet werden. Bildung meint dabei ebenso die Vermittlung von Wissensbeständen wie die Einübung in Fertigkeiten der Rezeption, Reflexion und eigenständigen ästhetischen Aktivität. Diese Ebenen kultureller Bildung formen nicht nur Individuen, indem sie deren Fähigkeit zu Artikulation und sozialer Teilhabe ausprägen helfen. Zugleich integrieren sie Individuen in den Horizont *einer* kulturellen Gemeinschaft, weil sie Themen setzen, Praktiken anleiten und Kommunikationen vorstrukturieren. Damit wird keinesfalls die problematische Vorstellung einer *Leitkultur* auf indirektem Weg wieder reaktiviert. Kulturelle Bildung sollte jedoch Individuen so in einen gemeinsamen Bezugsrahmen integrieren, dass gesellschaftliches Miteinander gefördert, weil ermöglicht wird. Dazu gehört in jedem Fall die Wahrnehmung kultureller Differenzen als unabdingbare Voraussetzung für Toleranz und Akzeptanz.

6.2 Probleme und offene Fragen

Ein Verständnis von Kultur, dass in diesem Sinn vor allem als *Kommunikation* gefasst wird, steht nur für eine von vielen Anspruchshaltungen, mit denen Kultur gegenwärtig konfrontiert wird. Kultur soll integrieren und modernisieren, harmonisieren und intensivieren, sie wird ebenso als Sozialarbeit wie als Event- und Erlebnisdesign gesehen und in Anspruch genommen. In dieses Set möglicher Ansprüche fügt sich die Sicht auf Kultur als Teil der *Ökonomie*, in deren Kontext Kultur als eigenständige Branche in den Blick kommt. Die Rede von der Kulturwirtschaft im politischen Diskurs fokussiert Kultur als Wertschöpfung und Standortfaktor. Faszinationskraft entwickeln dabei nicht nur Umsatzzahlen und Steigerungsraten, mit denen sich diese ansonsten schwer fassbare, weil heterogene Branche bestens im Feld der Ökonomie platziert. Die assoziativ hoch aufgeladene Rede von der Kultur als *Kreativsektor* eröffnet obendrein ebenso diffuse wie verlockende Aussichten auf eine Zukunftsfähigkeit, die anderen Wirtschaftsbranchen im gleichen Augenblick abgesprochen wird. Die Sicht auf Kultur als Teil der Ökonomie macht sie auf der operativen Ebene zu einem Teilbereich des Managements. Die Begründung für das *Kulturmanagement* nur in diesem Punkt suchen zu wollen, greift allerdings zu kurz. Sicher, der Einsatzpunkt des Kulturmanagements liegt – zumindest im deutschsprachigen Raum – in der Zeit nach der emanzipatorischen Kulturpolitik der siebziger Jahre. Kultur wird als Motor für Tourismus und Standortfaktor in neuer Weise greifbar und zur Größe, die möglichst auch berechenbar sein soll. Ein Management für die Kultur muss aber auch insofern selbst wiederum als Symptom einer kulturellen Entwicklung verstanden werden, als mit seinem Aufkommen offenbar wird, dass sich Kultur nicht mehr von selbst versteht. Die Ausdifferenzierung einer eigenen Profession der Kulturmanager reflektiert einen gesellschaftlichen Bedarf, der sich aus einer wachsenden Komplexität der Kultur selbst und ihrer Situierung innerhalb der gesellschaftlichen Gefüge ergibt. Kulturmanager öffnen Kultur nicht allein der ökonomischen Verwertung, sie bewältigen auch strukturelle Veränderungen des Kultursektors und entwerfen neue Formen kultureller Formate wie deren Vermittlung. Zunehmende Komplexität ist ein Reflex des rasanten Wachstumsprozesses, den Kultur seit den achtziger Jahren durchläuft. Diese Komplexität gilt es nicht allein zu gestalten, sie muss über diese Prozeduren auch zunächst einmal ausgehalten werden. Denn mit wachsender Komplexität nehmen auch Bewegungsenergien und -richtungen sowie deren Vernetzung zu.

Damit ist vor allem ausgemacht, dass Kultur nicht mehr allein im Sinn emanzipatorischer Zielsetzungen der sechziger und siebziger Jahre in lineare Fortschrittsmodelle integriert werden kann. Alte Vorstellungen von Teilhabe an und Befreiung durch Kultur sind entweder längst verwirklicht oder haben ihre soziale Orientierungskraft verloren. *Kulturmanagement* wirkt insofern selbst als Erscheinungsform von Kultur, als es deren Umbau aktiv gestalten hilft. Dieser Veränderungsprozess erschöpft sich nicht allein in neuen Formen der Finanzierung oder prozessualen Steuerung, auch nicht in der Vernetzung neuer Akteursgruppen, der Entwicklung bislang nicht gewohnter Organisationsformen. Der Umbau betrifft vor allem kulturelle Inhalte, die Verknüpfung bislang getrennter Wertigkeitsebenen, den Aufbau intensivierter Formen der Rezeption, neuer Foren der kulturell-ästhetischen Aktivität, die Hinwendung zu immer neuen Themen. Kultur hat unlängst noch gültige, inzwischen aber veraltet erscheinende Paradigmen ihres Verständnisses hinter sich gelassen. Sie taugt nicht mehr zum Mittel klarer sozialer Distinktionen (vgl. Bourdieu 1982), erschöpft sich auch längst nicht mehr in wohlfeilem Lebensdesign (vgl. Schulze 2000). Heute ist Kultur *Labor* – und zwar Labor einer neuen gesellschaftlichen Integration, medialen Lernens und einer intensiven Bearbeitung virulenter Themen von Migration bis Generationenkonflikt, von gemeinsamer Arbeit bis individuellem Sinnkonstrukt. Die Aktivitäten von Kultur als Labor verweisen auf vielfältige Veränderungs- und Adaptionsprozesse, die bewältigt werden müssen. Kultur gewinnt auf diesem Hintergrund eine neue Dringlichkeit und Relevanz. Das Wort vom Labor meint dabei zweierlei: Vorausschauende Erprobung und versuchsweise Praxis. Kulturelle Formationen bilden eine Matrix von Bedeutungs- und Sinnzuschreibungen aus, mit der eine neue soziale Praxis eingeübt und geprägt werden kann. Gerade in der Gegenwart machen viele kulturelle Formate und Angebote deutlich, wie intensiv gerade in dieser Hinsicht gearbeitet wird. Kultur überwölbt nicht allein das sich gegenwärtig vollziehende gesellschaftliche Leben, sie antizipiert auch dessen künftige Formen, indem sie Themen neu setzt, Rezeption und Verständnis anleitet und Kommunikation versuchsweise strukturiert.

In diesem Kontext spielt der Wandel der *Medien* eine erhebliche Rolle. Gerade sie zeichnen andere Wege der Kommunikation vor und bilden Vernetzungen aus, an die vor wenigen Jahren noch nicht zu denken war. Vor allem das Internet, aber auch neue Dimensionen der Kommunikation sowie der Produktion digitaler Bilder verändert kulturelle Situierungen erheblich. Auf der Seite des Internets sowie immer neuer Generationen von Mediengeräten, die bislang getrennte Formen von Mediennutzung in *einen* Horizont integrieren, werden wir Zeuge einer explosiven Expansion. Diesem Vorgang entspricht auf der anderen Seite der rasante Verfall bislang vertrauter Medien. Vor allem das Buch scheint gefährdet zu sein und mit ihm alles, was sich mit Begriffen wie Schrift, Text, Autor verbindet und letztlich in einem Zielpunkt von Intellektualität und Sinnkohärenz kulminiert. Wird Schrift eines Tages abgelöst von einem medialen Kompositum aus Textbausteinen, Bildern und Raumdarstellungen, die all dies integrieren? Der spekulative Blick in die Zukunft zielt auf die Frage, in welcher Weise sich mit Formen medialer Repräsentation auch die Vorstellung von Wissen und Kommunikation einschließlich der Kriterien ihrer Güte verändern wird. Die Beschäftigung von Kultur lehrt, dass mediale Darbie-

6.2 Probleme und offene Fragen

tungsweisen Wissen nicht einfach nur anders transportieren, sondern überhaupt neu konstituieren werden. Diese Prozesse fordern zu aktiver Mitgestaltung heraus, gerade auch im Hinblick auf eine sie begleitende Debatte um Qualitätskriterien. Mit diesem Aspekt verbindet sich die Hoffnung, ja die Erwartung, Kultur in Zukunft als Arena und Medium der *Kritik* wieder neu zu entdecken. Damit ist nicht die Rückkehr zu einer Kulturkritik alter Prägung gemeint (vgl. Bollenbeck 2007). Es geht nicht mehr um einen von Pessimismus geprägten Diskurs, der jeden kulturellen Wandlungsprozess als Befürchtungslamento begleitet. Eine solche Kritik wäre hoffnungslos rückwärtsgewandt. Sie muss vielmehr im Hier und Jetzt der kulturellen Bedeutungsproduktion ihren Platz haben. Wer Kultur als Wissensvorrat versteht, aus dem sich Kommunikationsteilnehmer mit Interpretationen für ihre Verständigungsprozesse versorgen (vgl. Habermas 2009b: 183), der muss Kritik als ihren integralen Bestandteil ansehen. Kritik meint dann nicht anderes als die fortlaufende gemeinsame Prüfung von Bedeutungskomplexen und Sinnofferten auf ihre Gültigkeit hin. Kultur bildet nicht nur die in einer Gesellschaft stets mitlaufende Beobachtungsroutine, sie umfasst auch Prüf- und Evaluierungsprozeduren, mit denen sie sich selbst unablässig in den Blick nimmt. Kultur validiert sich auf diese Weise immer selbst. Sie macht dies natürlich nicht einfach selbst; dies übernehmen die Mitglieder einer kulturellen Gemeinschaft, die mit ihren Praktiken und Kommunikationen auf Kultur in doppelter Weise Bezug nehmen – ebenso in der Form der Fortsetzung wie derjenigen der unausweichlichen Veränderung. Kritik bezieht sich auf den Grad der Bewusstheit, mit der die hier gemeinten kulturellen Umprägungsprozesse vollzogen werden. Sie mögen nicht in jeder Dimension zu beeinflussen sein, stehen aber dennoch der Aktivität des Menschen offen. Gerade jetzt – und in der absehbaren Zukunft – wird Kultur diese bewusst gestaltete Kritik brauchen. Es kommt darauf an, die Veränderungen der Sinngebungsprozeduren, medialen Repräsentationsformen und kommunikativen Vernetzungsweisen bewusst zu gestalten. Dies ist der beste Weg, auf Fragen der Partizipation an Kultur eine zeitgemäße Antwort zu finden. Kultur benötigt die damit verbundene Vorstellung einer allseitigen Zugänglichkeit. Nur so kann sie ihre Funktion, über Bedeutungsproduktion soziale Strukturen zu prägen und die an ihnen beteiligten Individuen zu aktivieren (vgl. Scheytt 2008), auch wirklich erfüllen.

Literaturverzeichnis

Adorno, Theodor W. 2008. Kulturkritik und Gesellschaft (1951). In *Kulturwissenschaft. Eine Auswahl grundlegender Texte*, hrsg. Uwe Wirth, 191–199. Frankfurt am Main: Suhrkamp.
Arbeitskreis Kultur- und Sozialphilosophie. Hrsg. 2013. *Kulturphilosophie als Aufgabe. Der Begriff der Kultur*. Bielefeld: transcript.
Assmann, Aleida. 2006. *Einführung in die Kulturwissenschaft. Grundbegriffe, Themen. Fragestellungen*. Berlin: Erich Schmidt.
Bachmann-Medick, Doris. 2006. *Cultural Turns. Neuorientierungen in den Kulturwissenschaften*. Reinbek bei Hamburg: Rowohlt.
Baecker, Dirk. 2001a. *Wozu Kultur?* 2. Aufl. Berlin: Kadmos.
Baecker, Dirk. 2001b. Kultur. In *Ästhetische Grundbegriffe. Historisches Wörterbuch in sieben Bänden*, hrsg. Karlheinz Barck et al., 510–556. Stuttgart, Weimar: Metzler.
Barck, Karlheinz et al. 2001–2007. Ästhetische Grundbegriffe. Historisches Wörterbuch in sieben Bänden. Stuttgart, Weimar: Metzler.
Barthes, Roland. 1964. *Mythen des Alltags*. Frankfurt am Main: Suhrkamp.
Berger, Peter L., Luckmann, Thomas 2004. *Die gesellschaftliche Konstruktion der Wirklichkeit. Eine Theorie der Wissenssoziologie* (1966). 20. Aufl. Frankfurt am Main: Fischer.
Bhabha, Homi K. 2000. *Die Verortung der Kultur*. Tübingen: Stauffenberg.
Böhme, Hartmut et al. 2000. *Orientierung Kulturwissenschaft. Was sie kann, was sie will*. Reinbek bei Hamburg: Rowohlt.
Bollenbeck, Georg. 1996. *Bildung und Kultur. Glanz und Elend eines deutschen Deutungsmusters*. Frankfurt am Main: Suhrkamp.
Bollenbeck, Georg. 2007. Eine *Geschichte der Kulturkritik. Von Rousseau bis Günther Anders*. München: C.H. Beck.
Brockmann, Andrea. Hrsg. 2009. *Diese Landschaft ist nirgendwo. Ulrich Möckel. Christoph Seidel. Bd. 1: Das Quellenbuch*. Bielefeld: Kerber.
Brunner, Otto et al. Hrsg. 1992. *Geschichtliche Grundbegriffe. Historisches Lexikon zur politisch-sozialen Sprache in Deutschland*. Stuttgart: Klett-Cotta.
Bühl, Walter L. 1986. Kultur als System. In *Kultur und Gesellschaft. Kölner Zeitschrift für Soziologie und Sozialpsychologie. Sonderheft 27*, hrsg. Wolfgang Neidhardt, 18–144. Opladen: Westdeutscher Verlag.
Bühl, Walter L. 1987. *Kulturwandel. Für eine dynamische Kultursoziologie*. Darmstadt: Wissenschaftliche Buchgesellschaft.

Busche, Hubertus. 2019. „Kultur": ein Wort, viele Begriffe. In *Kultur – transdisziplinäre Zugänge*, hrsg. Hubertus Busche et al., 3–41. Wiesbaden: Springer VS.

Cassirer, Ernst. 1961. *Zur Logik der Kulturwissenschaften. Fünf Studien*. Darmstadt: Wissenschaftliche Buchgesellschaft.

Cassirer, Ernst. 1996. *Versuch über den Menschen. Einführung in eine Philosophie der Kultur. (1944)*. Hamburg: Felix Meiner.

Cassirer, Ernst. 2001. *Philosophie der symbolischen Formen. Erster Teil: Die Sprache. (1923). Gesammelte Werke. Hamburger Ausgabe. Bd. 11*. Hrsg. Birgit Recki. Darmstadt: Wissenschaftliche Buchgesellschaft.

Cassirer, Ernst. 2002. *Philosophie der symbolischen Formen. Zweiter Teil: Das mythische Denken. (1925). Gesammelte Werke. Hamburger Ausgabe. Bd. 12*. Hrsg. Birgit Recki. Darmstadt: Wissenschaftliche Buchgesellschaft.

Daniel, Ute. 2004. *Kompendium Kulturgeschichte. Theorie, Praxis, Schlüsselwörter*. 4. Aufl. Frankfurt am Main: Suhrkamp.

Daniel, Ute. 2004b. Kultur. In *Kompendium Kulturgeschichte. Theorie, Praxis, Schlüsselwörter*. 4. Aufl., hrsg. Ute Daniel, 443–466. Frankfurt am Main: Suhrkamp.

Deutscher Bundestag. Hrsg. 2008. *Kultur in Deutschland. Schlussbericht der Enquetekommission des Deutschen Bundestages*. Regensburg: ConBrio.

Eagleton, Terry. 2001. *Was ist Kultur?* 2. Aufl. München: C.H. Beck.

Eagleton, Terry. 2017. *Kultur*. Berlin: Ullstein.

Elias, Norbert. 1976. *Über den Prozeß der Zivilisation*. (1937). 2 Bde. Frankfurt am Main: Suhrkamp.

Fauser, Markus. 2008. *Einführung in die Kulturwissenschaft*. 4. Aufl. Darmstadt: Wissenschaftliche Buchgesellschaft.

Fisch, Jörg. 1992. Zivilisation, Kultur. In *Geschichtliche Grundbegriffe. Historisches Lexikon zur politisch-sozialen Sprache in Deutschland*, hrsg. Otto Brunner et al., 679–774. Stuttgart: Klett-Cotta.

Freud, Sigmund. 2004. *Abriss der Psychoanalyse (1940). Einführende Darstellungen*. 10. Aufl. Frankfurt am Main: Fischer.

Freud, Sigmund. 2007. *Das Unbehagen in der Kultur (1930) und andere kulturtheoretische Schriften*. 10. Aufl. Frankfurt am Main: Fischer.

Fuchs, Max. 2008. *Kultur Macht Sinn. Einführung in die Kulturtheorie*. Wiesbaden: VS Verlag für Sozialwissenschaften.

Geertz, Clifford. 1987. *Dichte Beschreibung. Beiträge zum Verstehen kultureller Systeme*. Frankfurt am Main: Suhrkamp.

Geertz, Clifford. 1997. *Spurenlesen. Der Ethnologe und das Entgleiten der Fakten*. München: C.H. Beck.

Genazino, Wilhelm. 2006. *Achtung Baustelle*. München: dtv.

Gustafsson, Lars. 2007. *Der Tod des Bienenzüchters. Roman (1978)*. München: Verlag Süddeutsche Zeitung.

Han, Byung-Chul. 2005. *Hyperkulturalität. Kultur und Globalisierung*. Berlin: Merve.

Hansen, Klaus P. 2003. *Kultur und Kulturwissenschaft. Eine Einführung*. 3. Aufl. Tübingen, Basel: A. Francke.

Hillebrandt, Frank. 2019. Kultursoziologie des Populären. Rock und Pop als Praxis. In *Kultur – transdisziplinäre Zugänge*, hrsg. Hubertus Busche et al., 63–79. Wiesbaden: Springer VS.

Hoppe, Bernhard M. 2019. Kernaufgabe oder nice to have. In *Kultur – transdisziplinäre Zugänge*, hrsg. Hubertus Busche et al., 225–267. Wiesbaden: Springer VS.

Huntington, Samuel P. 2002. *Kampf der Kulturen. Die Neugestaltung der Weltpolitik im 21. Jahrhundert.* 3. Aufl. München: Goldmann.
Jaeger, Friedrich et al. Hrsg. 2004. *Handbuch der Kulturwissenschaften. 3 Bde.* Stuttgart, Weimar: Metzler.
Jullien, Francois. 2017. *Es gibt keine kulturelle Identität. Wir verteidigen die Ressourcen der Kultur.* Berlin: Suhrkamp.
Kaube, Jürgen. 2017. *Die Anfänge von Allem.* Berlin: Rowohlt.
Konersmann, Ralf. Hrsg. 1996a. *Kulturphilosophie.* Leipzig: Reclam.
Konersmann, Ralf. 1996b. Kultur als Metapher. In *Kulturphilosophie,* hrsg. Ralf Konersmann, 327–354. Leipzig: Reclam.
Konersmann, Ralf. 2003. *Kulturphilosophie zur Einführung.* Hamburg: Junius.
Konersmann, Ralf. 2008. *Kulturkritik.* Frankfurt am Main: Suhrkamp.
Kracauer, Siegfried. 1971. *Die Angestellten. Aus dem neuesten Deutschland (1930).* Frankfurt am Main: Suhrkamp.
Kracauer, Siegfried. 1977. *Das Ornament der Masse. Essays 1921–1930.* Frankfurt am Main: Suhrkamp.
Lévi-Strauss, Claude. 1996. Rasse und Geschichte (1952). In *Kulturphilosophie,* hrsg. Ralf Konersmann, 168–221. Leipzig: Reclam.
Lévi-Strauss, Claude. 2008. *Traurige Tropen (1955).* Frankfurt am Main: Suhrkamp.
Lewinski-Reuter, Verena, Lüddemann, Stefan. Hrsg. 2008. *Kulturmanagement der Zukunft. Perspektiven aus Theorie und Praxis.* Wiesbaden: VS Verlag für Sozialwissenschaften.
Lewinski-Reuter, Verena, Lüddemann, Stefan. Hrsg. 2011. *Glossar Kulturmanagement. Begriff, Essay, Diskurs.* Wiesbaden: VS Verlag für Sozialwissenschaften.
Lüddemann, Stefan. 2007. *Mit Kunst kommunizieren. Theorien, Strategien, Fallbeispiele.* Wiesbaden: VS Verlag für Sozialwissenschaften.
Lüddemann, Stefan. 2008a. Kulturmanagement als Bedeutungsproduktion. Plädoyer für die Neuausrichtung einer Disziplin und ihrer Praxis. In *Kulturmanagement der Zukunft. Perspektiven aus Theorie und Praxis,* hrsg. Verena Lewinski-Reuter, Stefan Lüddemann, 48–76. Wiesbaden: VS Verlag für Sozialwissenschaften.
Lüddemann, Stefan. 2008b. Was ist Kultur? Eine kurze Reise durch unser symbolisches Universum. Vortrag zum Start des Master-Fernstudiengangs „Management für Kultur- und Non-Profit-Organisationen", Technische Universität Kaiserslautern, 22. November 2008. In: http://ecampus.zfuw.uni-kl.de/kulturmanagement/kult-pdf.html: 1–18.
Lüddemann, Stefan. 2009a. Im weiten Raum der Projektionen. Landschaft als kulturelles Bedeutungskonstrukt. In *Diese Landschaft ist nirgendwo. Ulrich Möckel. Christoph Seidel. Bd. 1: Das Quellenbuch,* hrsg. Andrea Brockmann, 17–21. Bielefeld: Kerber.
Lüddemann, Stefan. 2009b. Nouvelle Vague der Zeichnung. Jochen Stückes „Pariser Album" als Autorenprojekt einer visualisierten Kulturdynamik. In *Pariser Album I. 2004–2008.* Jochen Stücke, 26–42. Bielefeld: Kerber.
Lüddemann, Stefan. 2011a. Kultur. In *Glossar Kulturmanagement,* hrsg. Verena Lewinski-Reuter, Stefan Lüddemann, 123–130, Wiesbaden: VS Verlag für Sozialwissenschaften.
Lüddemann, Stefan. 2011b. Künstler. In *Glossar Kulturmanagement,* hrsg. Verena Lewinski-Reuter, Stefan Lüddemann, 203–211. Wiesbaden: VS Verlag für Sozialwissenschaften.
Lüddemann, Stefan. 2011c. *Blockbuster. Besichtigung eines Ausstellungsformates.* Ostfildern-Ruit: Hatje Cantz.
Lüddemann, Stefan. 2015. *Kulturjournalismus. Medien, Themen, Praktiken.* Wiesbaden: Springer VS.

Luhmann, Niklas. 1998. *Die Gesellschaft der Gesellschaft*. Frankfurt am Main: Suhrkamp.
Luhmann, Niklas. 2008. Kultur als historischer Begriff (1995). In *Kulturwissenschaft. Eine Auswahl grundlegender Texte*, hrsg. Uwe Wirth, 537–559. Frankfurt am Main: Suhrkamp.
Malinowski, Bronislaw. 2005. *Eine wissenschaftliche Theorie der Kultur (1944)*. 2. Aufl. Frankfurt am Main: Suhrkamp.
Mann, Thomas. 1988. *Betrachtungen eines Unpolitischen. (1918)*. Frankfurt am Main: Fischer.
Marcuse, Herbert. 1996. Über den affirmativen Charakter der Kultur (1937). In *Kulturphilosophie*, hrsg. Ralf Konersmann, 79–107. Leipzig: Reclam.
Martens, Ekkehard, Schnädelbach, Herbert. Hrsg. 1994. *Philosophie Ein Grundkurs. Überarbeitete Neuausgabe. Bd. 2*. Reinbek bei Hamburg: Rowohlt.
Mauss, Marcel. 1990. *Die Gabe. Form und Funktion des Austauschs in archaischen Gesellschaften (1950)*. Frankfurt am Main: Suhrkamp.
Moebius, Stephan, Quadflieg, Dirk. Hrsg. 2006. *Kultur. Theorien der Gegenwart*. Wiesbaden: VS Verlag für Sozialwissenschaften.
Moebius, Stephan. 2009. *Kultur*. Bielefeld: transcript.
Moebius, Stephan. Hrsg. 2012a. *Kultur. Von den Cultural Studies bis zu den Visual Studies. Eine Einführung*. Bielefeld: transcript.
Moebius, Stephan. 2012b. Cultural Studies. In *Kultur. Von den Cultural Studies bis zu den Visual Studies. Eine Einführung*, hrsg. Stephan Moebius, 13–33. Bielefeld: transcript.
Müller-Funk, Wolfgang. 2006. *Kulturtheorie. Einführung in Schlüsseltexte der Kulturwissenschaften*. Tübingen, Basel: A. Francke.
Neidhardt, Friedhelm et al. Hrsg. 1986. *Kultur und Gesellschaft. Kölner Zeitschrift für Soziologie und Sozialpsychologie. Sonderheft 27*. Opladen: Westdeutscher Verlag.
Nünning, Ansgar, Nünning, Vera. Hrsg. 2003. *Konzepte der Kulturwissenschaften. Theoretische Grundlagen, Ansätze, Perspektiven*. Stuttgart, Weimar: Metzler.
Ort, Claus-Michael. 2003. Kulturbegriffe und Kulturtheorien. In *Konzepte der Kulturwissenschaften. Theoretische Grundlagen, Ansätze, Perspektiven*, hrsg. Ansgar Nünning, Vera Nünning, 19–38. Stuttgart, Weimar: Metzler.
Orth, Ernst Wolfgang. 2019. Kultur. Eine prekäre Erbschaft. In *Kultur – transdisziplinäre Zugänge*, hrsg. Hubertus Busche et al., 407–417. Wiesbaden: Springer VS.
Reckwitz, Andreas. 2012. *Die Transformation der Kulturtheorien. Zur Entwicklung eines Theorieprogramms*. 3. Aufl. Weilerswist: Velbrück.
Reckwitz, Andreas. 2013. *Die Erfindung der Kreativität. Zum Prozess gesellschaftlicher Ästhetisierung*. 3. Aufl. Frankfurt am Main: Suhrkamp.
Reckwitz, Andreas. 2017. *Die Gesellschaft der Singularitäten. Zum Strukturwandel der Moderne*. Berlin: Suhrkamp.
Reckwitz, Andreas. 2019. Die Gesellschaft der Singularitäten. In *Kultur – transdisziplinäre Zugänge*, hrsg. Hubertus Busche et al., 45–61. Wiesbaden: Springer VS.
Savoy, Bénédicte. 2018. *Die Provenienz der Kultur. Von der Trauer des Verlusts zum universalen Menschheitserbe*. Berlin: Matthes & Seitz.
Scheytt, Oliver. 2008. *Kulturstaat Deutschland. Plädoyer für eine aktivierende Kulturpolitik*. Bielefeld: transcript.
Schmidt, Siegfried J. 2003a. Medienkulturwissenschaft. In *Konzepte der Kulturwissenschaften. Theoretische Grundlagen, Ansätze, Perspektiven*, hrsg. Ansgar Nünning, Vera Nünning, 351–369. Stuttgart, Weimar: Metzler.
Schmidt, Siegfried J. 2003b. *Geschichten & Diskurse. Abschied vom Konstruktivismus*. Reinbek bei Hamburg: Rowohlt.

Schnädelbach, Herbert. 1994. Kultur. In *Philosophie. Ein Grundkurs. Überarbeitete Neuausgabe.* Hrsg. Ekkehard Martens, Herbert Schnädelbach, 508–548. Reinbek bei Hamburg: Rowohlt.
Schnädelbach, Herbert. 1996. Plädoyer für eine kritische Kulturphilosophie. In *Kulturphilosophie,* hrsg. Ralf Konersmann, 307–326. Leipzig: Reclam.
Schulze, Gerhard. 2000. *Die Erlebnisgesellschaft. Kultursoziologie der Gegenwart.* 8. Aufl. Frankfurt am Main, New York: Campus.
Simmel, Georg. 1989. *Philosophie des Geldes (1900).* Frankfurt am Main: Suhrkamp.
Simmel, Georg. 1998. *Philosophische Kultur. Über das Abenteuer, die Geschlechter und die Krise der Moderne. Gesammelte Essais. (1923).* Berlin: Wagenbach.
Simmel, Georg. 2006. *Die Großstädte und das Geistesleben (1903).* Frankfurt am Main: Suhrkamp.
Steenblock, Volker. 2004. *Kultur oder Die Abenteuer der Vernunft im Zeitalter des Pop.* Leipzig: Reclam.
Stücke, Jochen. 2009. *Paris. Album I. 2004–2008.* Bielefeld: Kerber.
Szymczyk, Adam. 2017. 14: Iterabilität und Andersheit: Von Athen aus lernen und agieren. In *Der documenta 14 Reader,* hrsg. Quinn Latimer, Adam Szymczyk, 17–42. München: Prestel.
Willemsen, Roger. 2016. *Wer wir waren. Zukunftsrede.* Frankfurt am Main: S. Fischer.
Wirth, Uwe. Hrsg. 2008. *Kulturwissenschaft. Eine Auswahl grundlegender Texte.* Frankfurt am Main: Suhrkamp.

MIX
Papier aus verantwortungsvollen Quellen
Paper from responsible sources
FSC® C105338

If you have any concerns about our products,
you can contact us on
ProductSafety@springernature.com

In case Publisher is established outside the EU,
the EU authorized representative is:
**Springer Nature Customer Service Center GmbH
Europaplatz 3, 69115 Heidelberg, Germany**

Printed by Libri Plureos GmbH
in Hamburg, Germany